나와 그녀들의 도시

일러두기

- 단행본·신문·잡지명은 『 』, 미술작품·시·단편소설·영화·노래 제목은 「 」, 전시·연극·뮤지컬 제목은 〈 〉로 묶어 표기했다.
- 인명·지명 등의 외래어 표기는 국립국어원 규정을 따르는 것을 원칙으로 하였으나 용례가 굳어진 경우에는 통용되는 표기를 따랐다.
- 이 책에 인용된 문학작품의 번역은 모두 저자의 것이다. 다만 몇 개 작품의 경우에는 국내에 번역된 도서에서 발췌, 인용했고 그 출처는 해당 페이지에서 밝히고 있다.

나와 그녀들의 도시

독서 여행자
곽아람의
문학 기행

곽아람 지음

아트북스

프롤로그

여행을 시작하며

미국 동부 시각으로 2017년 7월 4일 저녁 8시, 나는 맨해튼 동쪽의 이스트 강가에 있었다. 언제나 바쁜 뉴욕 경찰들이 총출동했다. 매년 메이시스Macy's백화점이 주관하는 미국 독립기념일 축하 불꽃놀이가 있었던 그날, 행사는 8시 반부터였지만 교통은 일찌감치 통제됐고 인산인해로 발 디딜 틈 없었으나 상쾌한 강바람 덕에 여름밤 공기는 청량했다.

낮에 함께 기차를 타고 허드슨 강변의 아기자기한 마을 콜드스프링Cold Spring에 다녀온 룸메이트들은 불꽃놀이를 같이 보자는 내 제안을 일고의 여지없이 거절했다. "그 사람 많은 데를 굳이 왜 가려고 하는 거죠?" "TV로 보는 거랑 어차피 똑같아요."

혼자 무언가를 구경하는 일을 두려워하는 법이 없는 나는 그들과 그랜드센트럴 터미널에서 쿨하게 헤어져 동쪽으로 걸어갔다. 올망졸망한 아이 셋을 데리고 나온 인도인 가족과 함께 폴리스라인 울타리에 기대 대체 언제쯤 저 강 위에서 폭죽이 터질 것이며, 오색 불꽃의 향연이 펼쳐질 것인가를 고대하고 있었다.

＊

7월 4일이 미국의 독립기념일이라는 것, 그날 불꽃놀이가 있다는 걸 알려준 책은 초등학교 2학년 때 읽은 프랜시스 호지슨 버넷의 『소공자』였다. 영국의 명망 있는 백작가 후손이지만 아직 그 사실을 모르는 미국 소년 세드릭이 동네 잡화점 주인 홉스 아저씨와 독립기념일 이야기를 하는 장면이 그 책에 묘사되어 있다. 책을 읽으면서 미국 독립기념일 불꽃놀이란 과연 어떤 것일지 너무나 궁금했던 아홉 살의 어린 내게, 서른아홉 어른이 된 내가 세드릭이 살았던 바로 그 뉴욕에서 독립기념일 불꽃놀이를 보여줄 수 있는 날이 마침내 찾아오다니…… 짜릿하게도 신이 났다.

이날 불꽃놀이는 우렁차게 시작해 우렁차게 끝났다. 런던이 아니라 뉴욕에 있었지만, 불꽃을 보는 내내 제임스 애벗 맥닐 휘슬러가 런던 템스강을 배경으로 그린 「검정색과 금색의 녹턴—떨어지는 불꽃」이 떠올랐다. 물위로 떨어지는 빛의 향연. 그 애상적인 축제의 풍경이 한 달 후면 이 도시를 떠나는 내게 그래도 1년간 잘 살았다고 뉴욕이 건네주는 작은 선물처럼 여겨졌다.

"Happy 4th of July(행복한 7월 4일 보내세요)."

환호 섞인 인사와 화려한 불꽃과 함성의 도가니를 빠져나와 인파에 떠밀리며 걸어서 집으로 돌아왔다. 맨해튼 서쪽, 허드슨강이 보이는 내 방 침대에 엎드려 킨들을 꺼내 『소공자』의 7월 4일에 대한 부분을 옮겨 적어보았다.

어린 세드릭이 홉스 아저씨와 독립기념일에 대해 대화를 나누는 부분에 대한 묘사,

It was quite surprising how many things they found to talk about- the Fourth of July, for instance. When they began to talk about the Fourth of July there really seemed no end of it. Mr. Hobbs had a very bad opinion of "the British", and he told the whole story of the Revolution, relating very wonderful and patriotic stories about the villainy of the enemy and the bravery of the Revolutionary heroes, and he even generously repeated part of the Declaration of Independence.

그들이 함께 이야기할 거리가 얼마나 많은지 아주 놀라울 정도였다. 예를 들어 7월 4일 독립기념일. 그들이 7월 4일에 대해 이야기하기 시작하면 끝이 나지 않을 것 같았다. 홉스 아저씨는 '영국인'에 대해 대단히 안 좋은 생각을 갖고 있었고, 미국 독립전쟁의 전 과정을 이야기해주었다. 그는 적의 비열함과 독립투사들의 용맹함에 관한 매우 놀랍고 애국심 넘치는 이야기들을 들려주었고, 심지어 친절하게도 미국 독립선언서의 일부분을 여러 번 되풀이해 읽어주기도 했다.

그리고 영국으로 가 백작가의 후계자로 인정받은 세드릭의 여덟번째 생일 장면,

All the tenantry were invited, and there were to be feasting and dancing and games in the park, and bonfires and fire-works in the evening.
"Just like the Fourth of July!" said Lord Fauntleroy. "It seems a pity my birthday wasn't on the Fourth, doesn't it? For then we could keep them both together."
모든 소작인이 초대받았고 공원에는 진수성찬이 마련되고 춤과 놀이가 펼쳐질 예정이었으며, 저녁에는 모닥불을 피우고 불꽃놀이도 열릴 것이었다.
"꼭 7월 4일 같아요!" 폰틀로이 경이 외쳤다. "내 생일이 7월 4일이 아니라서 유감이에요. 그렇지 않아요? 그랬다면 둘을 함께 기념할 할 수 있었을 텐데요."

천진한 세드릭의 말이 나를 혼자 방구석에 앉아 책 속 세계를 탐험하던 어린 시절로 되돌려놓았다. 여기서 '폰틀로이 경'은 세드릭의 작위다. 수십 년간 수없이 상상해온 그 불꽃놀이 장면이 마침내 구체화되어 더욱더 단단한 이미지로 마흔 무렵의 내면 풍경으로 자리잡게 된 것이다.

*

어린 날 조용한 책벌레였던 내겐 현실세계 외에 책 속 이야기를 바탕으로 지어진 마음속 세계가 하나 더 있었다. 당시 또래늘과 마찬가지로 나 역시 미국 문화의 세례를 받으며 자랐기 때문에 그 세계의 많은 부분은 미국을 모델로 했다.

　안식년으로 주어진 1년간의 미국 연수는 내게 휴식이자, 심상으로만 존재하던 책 속 세계가 실재한다는 것을 증명하는 과정이기도 했다. 뉴욕을 근거지로 하면서 『바람과 함께 사라지다』 속 도시들을 찾아가는 미국 남부 기행을 시작으로, 『빨강 머리 앤』의 배경인 캐나다 프린스에드워드 아일랜드를 여행하고, 『작은 아씨들』이 쓰인 매사추세츠주 콩코드를 방문하고, 톰 소여의 흔적을 찾아 미시시피강을 탐험하고, '디즈니 그림 명작'의 추억을 떠올리며 올랜도 디즈니월드를 누비고, 애거사 크리스티가 쓴 『카리브해의 미스터리』를 환기하며 서인도제도의 세인트마틴을 찾기까지…… 나는 내가 사랑하는 문학작품의 배경을 두 눈으로 직접 보기 위해 수없이 여행했다.

　그러니까 이 작업은 책을 읽으면서 떠오른 이미지를 그림과 엮어 써내려간 『모든 기다림의 순간, 나는 책을 읽는다』에서 한 걸음 더 나아가 2D로 그려왔던 그 세계가 3D로 실존한다는 것을 확인하는 작업이었다. 그 과정이 내게 소중했다. 책 속 세계가 실재한다는 건 문학이 단지 허구만은 아니라는 것, 문학이 말하는 인간의 위대함과 선의, 그리고 낭만이 실재한다는 것과 동의어여서 그간 내가 책에서 받은 위안이 한 꺼풀짜리 당의정만은 아니라는 이야기이기 때문이다. 나처럼 책 속 세계와 현실세계에 한 발씩 걸쳐놓고 살아가는 부류의 인간은 그러한 발견을 할 때마다 이 세상을 조금은 안전하게 느낀다.

미국으로 떠나기 직전 파리 출장을 갔을 때, 센 강변의 영문 서적 전문 서점 셰익스피어&컴퍼니Shakespeare & Company 앞에 붙은 칠판의 글귀를 읽다가 울었다. 사라질 뻔한 이 서점을 인수해 키워내어 딸에게 물려준 조지 휘트먼의 말 때문이었다. "사람들은 나를 라탱 지구의 돈키호테라 부른다……." 이웃보다 책 속 인물들을 훨씬 친숙하게 여겼던 휘트먼을 주변에서는 괴상하다 여겼지만, 자신은 그럴 수밖에 없었다고 그는 이야기한다. 이웃보다 책 속 인물들을 더 친구처럼 느끼는 사람, 그게 바로 나였다. 표도르 도스토옙스키의 『백치』를 읽고 주인공 나스타시야를 현실에서 찾아 헤맸다는 휘트먼에게서 나는 책벌레로서 깊은 동질감을 느꼈다. 서점 구석구석에는 이렇게 적혀 있었다. "Dreamers, please guard your belongings(꿈꾸는 자들이여, 소지품에 신경쓰시길)."

내가 사랑하는 문학작품 속 주인공들이 살았던 도시를 찾아간 이야기를 담은 이 책은 나나 휘트먼과 마찬가지로 문학과 현실의 경계에 살고 있는 '꿈꾸는 자들'을 위한 여행기다. 이를테면 『바람과 함께 사라지다』의 타라 농장이 실재한다고 믿는 사람, 빨강 머리 앤처럼 프린스에드워드 아일랜드의 붉은 흙을 밟아보리라 결심했던 사람, 『위대한 개츠비』의 한 장면처럼 닿을 수 없는 녹색 불빛을 그리며 손을 뻗어본 적이 있는 사람……. 작품 속 여주인공들에 초점을 맞추어 썼지만 여성들만을 위한 책은 아니다.

오히려 성별에 관계없이 서로를 이해하며 함께 읽었으면 좋겠다.

글의 대부분은 여행지에서 썼다. 애틀랜타의 호텔방에서, 뉴올리언스의 포크너서점에서, 쿠바 아바나의 암보스 문도스 호텔 옥상에서, 그리고 바라데로에서 마이애미로 가는 비행기 안에서……. 스마트폰 메모장에 여행기를 적을 때마다, 나는 언제 어디서나 글을 쓸 수 있도록 휴대용 잉크병을 지니고 다녔다는 찰스 디킨스를 떠올렸다.

*

이 책은 2018년에 출간된 『바람과 함께, 스칼렛』의 개정증보판이다. 다시 쓰다시피 책의 많은 부분을 고치고 다듬은 후 새로운 이야기들을 추가했다. 작품의 원문을 굳이 인용한 것은 원문을 음미하는 것 또한 문학작품을 읽어가는 또하나의 재미라고 여겼기 때문이다. 집필 당시 미국에 있느라 우리말로 옮긴 책을 구하기 힘들어서 대부분의 인용문은 서툴게나마 직접 번역했는데, 이번에 챗GPT의 도움을 받아 여러 번 다듬었다. 다만 「에반젤린」의 인용문만은 어린 날 어머니가 즐겨 읽어주었던 혜원출판사판 안도섭 번역을 옮겨왔다. 인용을 허락해주신 안도섭 선생님께 감사드린다.

책을 낼 때마다 느끼는 거지만 책을 쓴다는 것은 나 혼자 하는 일이 아니다. 한 권의 책이 세상에 나온다는 건 정말로 온 우주가

돕지 않는다면 불가능한 일인 것 같다. 이 책을 내기까지 많은 분들의 도움을 받았다.

개정증보판 작업을 제안해준 아트북스의 임윤정 편집장님께 가장 먼저 감사의 마음을 표하고 싶다. 언제나처럼 집필의 훌륭한 러닝메이트가 되어준 그녀 덕에 책은 새로운 옷을 입고 활기를 띠게 되었다. 『바람과 함께 사라지다』 기행의 동반자였던 J, 『빨강 머리 앤』과 「에반젤린」 기행을 함께한 제이미, 이번 개정증보판 제목 등 많은 아이디어를 준 N 등 격려를 아끼지 않은 친구들에게 다정한 포옹을 보낸다. 1년간 재충전의 기회를 준 회사와 삼성언론재단의 고마움도 물론 잊지 않고 있다.

무엇보다도 연수를 마치고 귀국하는 내게 기욤 뮈소 소설의 주인공이 피는 담배인 '럭키 스트라이크' 한 보루를 사다줄 수 있겠느냐고 부탁하던 아버지(고심 끝에 '책 속 그녀와 함께하는 나들이'라는 제목을 제안하셨는데 거절했다. 죄송합니다), 뉴욕 여행을 와서 다른 관광지는 제쳐놓고 마이클 코넬리의 소설 속 인물이 사는 플러싱Flushing에 꼭 가봐야겠다고 고집하던 어머니……. 나와 마찬가지로 문학과 현실의 경계에 살고 있으며 나를 책 속 세계를 마음에 품은 사람으로 길러주신 두 분께, 언제나처럼 사랑과 감사를 전한다.

2025년 여름, 곽아람

차례   프롤로그 여행을 시작하며   5

**Part 1.
문자로
지은
집**

1 그곳, 프린스에드워드 아일랜드   19
   『빨강 머리 앤』, 루시 모드 몽고메리

2 태고의 자연, 아카디아 국립공원   55
   「에반젤린」, 헨리 워즈워스 롱펠로

3 마녀 도시, 세일럼   71
   「영 굿맨 브라운」 『주홍 글씨』, 너새니얼 호손

4 네 자매 이야기, 콩코드   85
   『작은 아씨들』, 루이자 메이 올컷

5 개츠비의 고장, 뉴헤이븐, 샌즈포인트, 그레이트넥,
   킹스포인트   99
   『위대한 개츠비』, F. 스콧 피츠제럴드

6 고단한 예술가들의 도시, 뉴욕   127
   「마지막 잎새」, 오 헨리

**Part 2.
바람과
함께,
스칼렛**

7 강인한 여성을 키운 남쪽 땅, 애틀랜타, 찰스턴, 존즈버러   147
   『바람과 함께 사라지다』, 마거릿 미첼

8 우아한 어머니의 고향, 서배너   185
   『바람과 함께 사라지다』, 마거릿 미첼

Part 3. 태양 가득히	9	꿈과 희망의 세계, 디즈니월드 '디즈니 그림 명작', 월트 디즈니	211
	10	에밀리에게 장미를, 뉴올리언스에 승리를 「에밀리를 위한 장미」, 윌리엄 포크너	235
	11	대문호의 노스탤지어, 해니벌 『톰 소여의 모험』, 마크 트웨인	251
	12	헤밍웨이의 영감, 쿠바 아바나, 키웨스트 『노인과 바다』『무기여 잘 있거라』 『누구를 위하여 종은 울리나』, 어니스트 헤밍웨이	277
	13	먼 북소리, 세인트마틴 『카리브해의 미스터리』, 애거사 크리스티	311

에필로그 끝나지 않은 문학 여행, 『빙점』   338

Part 1.

문자로 지은 집

Anne
of
Green Gables

빨강 머리 앤
루시 모드 몽고메리(Lucy Maud Montgomery, 1874~1942)

1953년 봄, 휴전 직전 서울. 틈만 나면 인사동 헌책방에 들러 지적 허기를 채우던 스물네 살 이화여고 국어 교사 신지식申智植, 1930~2020을 손바닥만한 문고판 일본어 책이 사로잡았다. 『빨강 머리 앤赤毛のアン』, 『초록 지붕 집의 앤Anne of Green Gables』을 일본어로 옮긴 것이었다. 홀린 듯 읽던 신지식은 호주머니를 털어 그 책을 샀다. 그는 1960년대 초 이화여고 주보週報 『거울』에 이 책을 번역해 연재했고, 1963년 정식 출간했다. 『빨강 머리 앤』은 그렇게 처음 한국에 소개되어 '소녀들의 필독서'로 자리잡았다. "정말로 절망 같은 시절이었으니까. 6·25 직후라 부모 잃은 아이, 집 없는 아이…… 불행한 학생이 너무너무 많았지요. 그들에게 내가 위로받았던 『빨강 머리 앤』을 알려주고 싶었어요." 그는 언젠가 나와의 인터뷰에서 책을 이화여고 주보에 소개한 이유에 대해 이렇게 말했다. "저는 책을 번역하면서 완전히 앤이 되었다 나왔어요. 앤을 통해, 그 상상력을 통해 저는 전쟁의 우울함을 극복하고 소생하였습니다." 그가 책에서 가장 좋아하는 장면은 맨 마지막 장 「길이 굽어지면」. 친아버지 같은 매슈가 죽자, 앤은 대학 진학을 포기하고 교편을 잡기로 결심한다. 마음을 굳힌 앤의 말을 그는 이렇게 번역했다.
"내가 퀸학원을 졸업하고 나올 때는, 내 앞에 길이 똑바로 뚫려 있는 것처럼 생각되었어요. 몇 마일 앞까지도 뚫어볼 수 있는 것처럼 말이죠. 그러나 지금은 굽어진 모퉁이에 온 거예요. 이 길이 굽어지고 나면, 그 끝에 무엇이 있는지 알 수는 없어요. 하지만 반드시 나는 좋은 것이 있으리라고 생각해요." 앤은 책 읽기를 좋아하는 외로운 소녀들이 즐겨 친구로 삼는 인물이다. 어린 날부터 지금까지 가장 기억에 남는 구절은 책의 맨 마지막에서 앤이 읊는 로버트 브라우닝의 시 「피파의 노래」 중 이 문장. "God's in his heaven, all's right with the world." 신지식 선생 번역본에는 이렇게 적혀 있다. "신은 하늘에 있고 세상은 모두 평안하도다."

1 그곳, 프린스에드워드 아일랜드

세상에는 두 부류의 인간이 있다. 이야기 속 장소가 실재한다 믿는 사람, 이야기란 허구니 배경 또한 허구라 생각하는 사람. 나는 전자前者였고, 이야기 속 트로이가 실재한다 믿었던 슐리만처럼 언제나 소설 속 장소들을 갈망했으며 그중 어떤 곳에는 반드시 가보리라 결심하곤 했다. 그리고 그중에서도 『빨강 머리 앤』의 배경인 프린스에드워드 아일랜드는 내가 가장 오래도록 마음속에 그려온 곳이었다.

나는 애니메이션보다 책을 먼저 접했다. 열한 살 앤이 나보다 나이가 많으니 친구하기 힘들 것 같아서 빨리 열한 살이 되기를 바랐던 그 아홉 살 무렵부터 나는 앤이 있는 그곳, 애번리, 그린게이블즈, 그러니까 캐나다의 프린스에드워드 아일랜드에 가고 싶었다. 사람들이 앤을 좋아하는 데는 여러 가지 이유가 있겠지만 내게 앤은 상상력의 결정체 같은 인물이었다. 어린 날 내게는 현실의 고난을 상상으로 극복할 수 있다는 걸 알려준 두 친구가 있었으니 하나는 빨강 머리 앤이었고, 또 하나는 『소공녀』의 세라였다.

캐나다는 오랫동안 내가 가장 가보고 싶었던 나라였다. 밴쿠버도

토론토도 몬트리올도 퀘벡도 아닌, 바로 프린스에드워드 아일랜드에 가보고 싶어서였다. 고등학교 때 들었던 영어 동아리를 맡은 원어민 교사가 캐나다 출신이었는데 앤의 나라 캐나다 사람을 만났다는 게 어찌나 반갑던지, 그를 붙들고 꼭 빨강 머리 앤의 배경인 프린스에드워드 아일랜드에 가보고 싶다고 말했던 기억이 아직도 생생하다.

*

"샬럿타운행 비행기가 곧 출발하니 승객 여러분은 모두 탑승해주시기 바랍니다."
   몬트리올공항에서 환승을 기다리다 영어와 프랑스어로 이 문장을 들었을 때 '샬럿타운'이라는 단어에서 잠시 꿈속에라도 있는 듯 어리둥절했다. 소설에서 일종의 '읍내'로 그려지는 곳, 시골 마을 애번리에 비해 번화한 대처로 묘사되던 그 샬럿타운에 내가 비행기를 타고 가고 있다는 사실이 믿기지 않았다.
   비행기에서 내려 마침내 그 섬, 프린스에드워드 아일랜드의 땅을 밟았을 때, 아, 내게도 이런 일이 마침내 이루어지는구나 하는 생각이 들었다.
   나는 오랫동안 이 순간을 그려왔다.
   수년 전 『빨강 머리 앤』을 국내에 처음 번역해 소개한 아동문학가 신지식 선생을 인터뷰하러 댁에 갔을 때, 선생이 보여주시던 프린스에드워드 아일랜드 사진을 보며 반드시 가보리라 마음을 다졌을 때나, 연수 와서 여행 계획을 짜면서 각종 블로그에서 이 섬 여행기를 읽을 때도, 나도 꼭, 이 땅의 붉은 흙을 밟아보아야지, 했다.

제이미와 나는 공항에서 차를 빌려 섬 탐험에 나섰다. 푸른 잔디 위에 노란 민들레가 융단처럼 깔려 있었다. 나는 예쁘다며 감탄하는데 제이미는 "잡초지, 뭐(They are weeds)"라며 시큰둥하다.

"아니야. 꽃이야."

"잡초라니까."

"한국에서 민들레는 예쁜 꽃이야."

"미국에선 그냥 잡초라고."

몇 번을 반복하며 옥신각신하다가 둘이서 그냥 웃어버렸다.

재미 교포 2세인 제이미는 내 사촌언니의 이종사촌 여동생으로, 우리는 지난겨울 맨해튼 코리아타운에서 디저트를 먹던 중 둘 다 '빨강 머리 앤'의 광팬이란 걸 알고선 이 여행을 함께하기로 의기투합했다.

섬의 흙은 신기하게도 붉다. 초등학생 때 TV에서 방영했던 일본 애니메이션에 묘사된 프린스에드워드 아일랜드 풍경처럼 붉고, 중학생 때 보았던 캐나다 드라마 「빨강 머리 앤」에서처럼 붉다. 그 붉은 흙 위에 예쁜 집들이 그림처럼 서 있다.

"And what DOES make the roads red?"

"이 길은 무엇 때문에 이렇게 붉은 거죠?"

『빨강 머리 앤』 속 '초록 지붕의 집', 그린게이블즈.

그린게이블즈 Green Gables 로 가는 길에 앤이 매슈에게 던졌던 질문이 저절로 떠오른다.

6월이지만 섬은 춥다. 우리가 머무른 3박 4일 중 그나마 첫 이틀이 최고기온 16~18도 정도로 '따뜻'했고, 나머지 이틀은 최고기온 8~9도의 겨울 날씨였다. 이 섬의 성수기는 7~9월, 1년 중 딱 석 달이다. 어쨌든 우리는 앤이 고아원을 떠나 처음 프린스에드워드 아일랜드에 도착한 그 계절, 6월 초순에 그 섬에 있었다. 매슈의 마차를 타고 그린게이블즈로 향하던 앤을 전율에 떨게 했던 아름다운 길, 사과꽃으로 뒤덮인 그 '기쁨의 하얀 길 White Way of Delight'이 어떤 모습이었는지를 눈으로 직접 보면서.

Overhead was one long canopy of snowy fragrant bloom. Below the boughs the air was full of a purple twilight and far ahead a glimpse of painted sunset sky shone like a great rose window at the end of a cathedral aisle.
머리 위에는 눈송이 같은 향기 나는 꽃들이 기다란 차양을 이루고 있었다. 가지 아래에서 대기는 자줏빛 황혼으로 가득했고 저 먼 곳에서는 붓으로 칠한 것 같은 해질녘 하늘 한 자락이 대성당 통로 끝자락의 커다란 장미창처럼 빛나고 있었다.

점심을 먹으려 했던 식당들이 비수기라 문을 닫은 바람에 문 연 식당을 찾아 밥을 먹는 데만 세 시간이 걸렸다. 대망의

'유령의 숲'. 소설에서 앤의 상상이 만들어낸 유령들이 등장해 오싹한 분위기를 자아내는 곳이다.

'연인의 오솔길'. 소설에서 앤이 친구들과 자주 산책하는 곳. 묘사대로 진짜 시냇물이 흐르고 있었다.

'그린게이블즈'를 찾았을 때는 이미 폐관. 집 안은 다음날 보기로 하고 근처를 돌아보기로 했다. 그린게이블즈는 19세기에 지어진 집으로, 『빨강 머리 앤』을 쓴 루시 모드 몽고메리 외조부의 사촌인 데이비드 주니어 맥닐과 여동생 마거릿 남매가 살았던 집이라고 한다. 몽고메리는 이 집에 살았던 적은 없지만, 종종 방문했다고 전해진다. 초록 지붕 집에 사는 매슈와 마릴라 남매라는 설정은 아마도 이 집과 그 주인들을 고스란히 가져온 것 같다.

그린게이블즈에 들어가보기도 전에 집 안을 본 것보다 나를 더 흥분시켰던 건 소설 속 장소들이 집 근처에 실제로 있다는 점이었다. 앤과 친구들이 거닐던 '연인의 오솔길Lovers' Lane'이나 '유령의 숲Haunted Trail' 같은 익숙한 이름에 그리움과 전율을 느끼면서 푸른 제비꽃이 가득 피어 있고, 시냇물 흐르는 오솔길을 한 시간가량 산책하고 나오자 빗방울이 쏟아졌다. 부랴부랴 차로 돌아와 일단 숙소에 체크인.

애번리의 배경은 샬럿타운에서 차로 40여 분 떨어진 캐번디시라는 마을이라 우리는 첫 이틀은 캐번디시에서, 마지막 하루는 샬럿타운에서 묵기로 했다. 체크인 후 간단히 장을 보고 이번에는 호수와 바다를 보러 갔다. 이 섬은 전체가 국립공원이라 어딜 가도 물과 하늘, 붉은 모래와 흙이 어우러져 그림 같은 풍경이 펼쳐진다. 소설 속 수다스러우면서 마음씨 좋은 이웃 아주머니 레이철의 이름을 딴 '레이철의 식당Rachael's Ristorante'에서 피시앤칩스로 간단히 저녁을 먹었다. 몽고메리가 묻힌 묘지를 둘러보고 숙소로 돌아와 맥주를 마신 후 각자 방에서 잠이 들었다.
본격 그린게이블즈 탐험이 시작될 내일을 기대하면서!

"We're pretty near home now. That's Green Gables over-"
"Oh, don't tell me," she interrupted breathlessly, catching at his partially raised arm and shutting her eyes that she might not see his gesture. "Let me guess. I'm sure I'll guess right."
She opened her eyes and looked about her. They were on the crest of a hill. The Sun had set some time since, but the landscape was still clear in the mellow afterlight. To the west a dark church spire rose up against a marigold sky. Below was a little valley and beyond a long, gently-rising slope with snug farmsteads scattered along it. From one to another the child's eyes darted, eager and wistful. At last they lingered on one away to the left, far back from the road, dimly white with blossoming trees in the twilight of the surrounding woods. Over it, in the stainless southwest sky, a great crystal-white star was shining like a lamp of guidance and promise.
"That's it, isn't it?" she said, pointing.
"이제 집에 다 왔구나. 저게 그린게이블즈란다. 저기—"
"오, 말하지 마세요." 앤은 숨도 쉬지 않고 매슈의 말을 끊었다. 반쯤 들어올린 매슈의 팔을 잡으면서 눈을 감고 그의 손이

가리키는 곳을 보지 않으려 애썼다. "제가 맞혀볼게요. 제가 확실히 맞힐 수 있을 거예요."

앤은 눈을 뜨고 주변을 둘러보았다. 그들은 언덕마루에 있었다. 해는 얼마 전 졌지만 그윽한 잔광殘光 덕에 풍경은 아직도 또렷했다. 서쪽으로는 교회의 검은 첨탑이 마리골드빛 하늘을 뚫고 서 있었다. 아래에는 작은 골짜기가 있었고 뒤쪽에는 길고 완만한 경사를 따라 아늑한 농가들이 흩뿌려져 있었다. 갈망과 동경을 담은 앤의 눈이 농가들에 차례차례 꽂혔다. 마침내 앤의 눈은 저 왼쪽, 길에서 멀리 떨어진 곳, 주변 숲의 황혼 속 꽃나무들로 어슴푸레하게 흰빛을 띠는 장소에 머물렀다. 그 뒤로, 티 없는 남서쪽 하늘에, 커다란 수정 같은 별이 수호와 언약의 등불처럼 빛나고 있었다.

"저거죠. 그렇죠?" 앤이 손가락으로 가리키며 말했다.

＊

"This Island is the bloomiest place. I just love it already"
"이 섬은 세상에서 가장 꽃이 만발한 곳이에요. 나는 벌써 이 섬을 사랑하게 되었어요."

6월의 프린스에드워드 아일랜드는 세 가지 빛깔. 새잎의 초록, 민들레의 노랑, 흙의 빨강으로 기억될 것 같다.

우리가 2박을 한 캐번디시 숙소, 킨드러드 스피리츠 인 & 코티지Kindred Spirits Inn & Cottages의 코티지에는 방 두 개에 욕실 하나, 거실과 부엌이 딸려 있었다. 내가 쓴 방에 퀸베드 하나, 제이미가 쓴 방에 침대가 두 개 있어서 네 명이 너끈히 묵을 수 있을 것 같은 집이었다. 걸어서 그린게이블즈에 갈 수 있는 거리에 있었던 이 숙소는 내가 신뢰하는 여행 사이트 트립어드바이저 검색 결과 캐번디시의 숙소 중 추천지수 1위였다. 비수기라 1박에 110캐나다 달러(약 9만 5000원) 정도. 오오, 싸다! 7월부터 시작되는 성수기에는 5박 이상 예약하는 손님만 코티지에 묵을 수 있었는데 비수기라 2박 이상만 묵으면 코티지 예약이 가능했다.

　일본 손님이 무척 많았다. 미야자키 하야오가 장면 설정을 맡은 애니메이션「빨강 머리 앤」의 인기 덕에 일본 관광객들이 프린스에드워드 아일랜드를 많이 찾기 때문이다. 저녁에 있었던 티타임 행사에 참가하러 로비에 갔었는데 메인 빌딩의 인Inn에는 무려 40명의 일본 단체 관광객이 묵고 있었다.

　제이미와 이야기하며 재밌었던 건 미국 아이들은 우리에게 익숙한 일본 애니메이션을 전혀 모른다는 것. 미국에서는 대신 메건 팔로즈 주연의 1990년대 TV드라마가 무척 인기가 있었다고 했다. 중학교 때 그 드라마를 봤음에도 크게 깊은 인상을 받지 못했던 나와는 정반대. (나는 드라마의 앤이 내가 생각하던 앤과 너무 다르게 생겨서 실망했었다.) 제이미는 여행을 오기 전 그 드라마를 한 번 더 봤다니 나랑은 정말 다르다! 공중파에서 방영했던 일본 애니메이션 덕에 우리나라에서는 '빨강 머리 앤'을 모두 다 알지만, 미국에서는 관심 있는 사람만 안다는 것도 차이점이었다. 제이미와 나의 공통 사촌 co-cousin인 우리 사촌언니는 둘이 함께 '빨강 머리 앤'을 좇아 프린스에드워드 아일랜드 여행중이라고 하자 "미국 애들도 앤을 알아? 일본이랑 우리나라에서만 좋아하는 거 아니었어?"라며 신기해했다.

    어쨌든 이날은 눈을 뜨자마자 그린게이블스로 달려, 아니 차를 타고 갔다. 우리 숙소에서 그린게이블스는 걸어가도 될 만큼 가깝지만, 어차피 종일 차를 타고 움직여야 하니까. 19세기에 지어진 그린게이블스는 외관은 옛날 그대로지만 내부를 책의 묘사대로 꾸며놓았다. 원래 입장료가 있는데 우리가 방문했을 때는 캐나다 건국 150주년이라 무료였다.

    그 집 안에서 두 곳이 인상적이었다. 하나는 앤이 "이 제라늄 화분에는 보니라는 이름을 붙이겠어요"라고 말하던 부엌 창가. 그 창가에는 진짜로 화분이 놓여 있었고, 창밖에는 사과나무가 흰 꽃을 피우며 서 있었는데 앤이 책에서 '눈의 여왕 Snow Queen'이라고 이름 붙이는 침실 창밖 벚나무를 상기시켰다.

"What is the name of that geranium on the window-sill, please?"

"That's the apple-scented geranium."

"Oh, I don't mean that sort of a name. I mean just a name you

gave it yourself. Didn't you give it a name? May I give it one
then? May I call it-let me see-Bonny would do-may I call it
Bonny while I'm here? Oh, do let me!"
"창턱에 놓인 저 제라늄의 이름은 뭔지 여쭤봐도 될까요?"
"애플 제라늄이란다."
"오, 저는 제라늄 종류를 여쭤본 게 아니었어요. 아주머니가 직접
저 제라늄에 붙인 이름 말이에요. 이름을 지어주지 않으셨어요?
그렇다면 제가 하나 지어줘도 될까요? 어디 보자, 보니가 좋겠어요.
제가 여기 있는 동안 보니라고 불러도 될까요? 오, 그렇게 하게
해주세요."

그리고 또하나는 2층에 꾸며진 앤의 방. 소설처럼 다락방은
아니었지만, 녹색 커튼과 방문에 걸린 퍼프 소매의 갈색 드레스가
시선을 붙잡았다. '앤'을 읽은 모든 소녀가 그랬겠지만 내게도
매슈가 앤에게 크리스마스 선물로 부푼 소매가 달린 갈색 드레스를
사주는 그 에피소드가 무척 인상적이어서, 초등학교 5학년 때
엄마가 흰 꽃무늬가 자잘하게 있는 퍼프 소매의 초콜릿색 원피스를
사줬을 때, 꼭 앤의 갈색 드레스를 선물받은 것만 같아 무척 기뻤다.

Anne took the dress and looked at it reverent silence. Oh,
how pretty it was-a lovely soft brown gloria with all the gloss of
silk ; a skirt with dainty frills and shirrings ; a waist elaborately

그린게이블즈 전경.

그린게이블즈의 거실과 주방.

방문에 부푼 소매의 갈색 드레스가 걸려 있는 앤의 방.

제라늄 '보니' 화분이 놓인 창가.

pintucked in the most fashionable way, with a little ruffle of filmy lace at the neck. But the sleeves-they were the crowning glory! Long elbow cuffs, and above them two beautiful puffs divided by rows of shirring and bow of brown-silk ribbon.
앤은 그 드레스를 건네받아 경건한 침묵 속에서 바라보았다. 오, 얼마나 예쁜지— 비단처럼 윤이 나는 사랑스럽고 부드러운 갈색 글로리아 천으로 만들어졌는데 치맛단에는 앙증맞은 프릴과 셔링이 장식되어 있었다. 허리 부분은 최신 유행하는 방식으로 정교하게 핀턱을 잡았으며, 목선에는 하늘하늘한 레이스가 작은 러플처럼 둘러져 있었다. 하지만 소매야말로 이 옷의 백미白眉였다! 팔꿈치까지 올라오는 긴 커프스 위로 두 개의 아름다운 퍼프가 셔링 줄과 나비 모양으로 매듭지은 갈색 실크 리본으로 나뉘어 있었다.

그린게이블즈를 돌아본 후 우리가 간 곳은 루시 모드 몽고메리의 외가인 캐번디시 홈, 그리고 뉴런던의 몽고메리 생가. 생후 21개월 때 병으로 어머니를 잃은 몽고메리는 캐번디시에서 우체국을 하는 외조부모 밑에서 자란다. 외조부모가 무척 엄격해서 상상력이 풍부한 몽고메리가 그 밑에서 지내기는 쉽지 않았지만 그래도 그는 그들과의 생활, 그리고 프린스에드워드 아일랜드를 사랑했다고 한다. 몽고메리는 열다섯 살 때 1년간 프린스앨버트의 아버지 집에서 학교를 다녔는데 새어머니와 사이가 좋지 않아

몽고메리 생가.

주춧돌만 남은 캐번디시 홈.

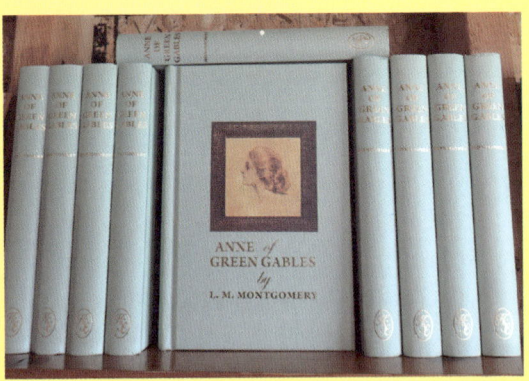

기념품점에서 판매중인 『빨강 머리 앤』.

프린스에드워드를 너무나 그리워했고, 이내 프린스에드워드의 외가로 돌아온다.

퀸즈 학교로 가서 교사 자격증을 따는 앤, 이후 레드먼드대학에 진학하는 앤은 몽고메리의 자화상이다. 몽고메리는 목사 유언 맥도널드와 약혼하지만 외할아버지가 세상을 뜨고 외할머니는 몸져눕는 바람에 결혼하지 않고 평생 외할머니 곁에 있겠다는 약속을 지키려 5년간 약혼 사실을 비밀로 했다. 그는 외할머니가 작고하고 나서야 결혼하는데, 매슈가 심장마비로 죽자 마릴라와 함께 있기 위해 대학 진학을 포기하는 앤의 희생은 외할머니를 돌보기 위해 결혼을 미루는 몽고메리와 겹친다.

몽고메리를 세계적으로 유명하게 만든 『빨강 머리 앤』은 서른네 살 때인 1908년에 쓴 책이다. 그는 캐번디시의 외가에서 이 작품을 썼는데, 현재 집은 사라지고 주춧돌만 남았지만 그가 사랑했던 사과나무만은 아직도 남아 있다.

사과나무 주위에서 잠시 감상에 젖었다가 몽고메리가 걸었던 오솔길을 산책하고 다시 차를 달려 몽고메리의 생가를 둘러보고 나니 어느새 점심시간. 『빨강 머리 앤』을 사랑하는 일본인이 열었다는 식당 '블루 윈즈 티룸Blue Winds Tea Room'이 근처에 있다기에 찾았다. 나는 앤이 다이애나를 초대해 취하게 만드는 에피소드에 나오는 바로 그 라즈베리 코디얼cordial(과일청을 물에 타 만든 음료)을 곁들여 비프 커리를, 제이미는 샌드위치를 먹었다. 음식 맛은 평이했지만 몽고메리의 레시피로 만들었다는 '뉴 문 푸딩'은

『빨강 머리 앤』을 좋아하는 일본인이 운영하는 식당 '블루 윈즈 티룸'의 창가.

달고 맛있었다. '뉴 문 푸딩'은 몽고메리의 또다른 작품 『뉴 문의 에밀리Emily of New Moon』에서 이름을 따 붙인 것이다. 무엇보다도 그 식당의 아기자기한 분위기가 좋았다. 창에 드리운 푸른 커튼, 식탁 위 유리화병에 꽂힌 푸르고 흰 물망초……. 우리와 마찬가지로 『빨강 머리 앤』에 매료된 사람이 꾸민 공간의 그 독특한 분위기가.

이날의 마지막 '앤 투어' 장소는 그린게이블즈의 앤 박물관Anne of Green Gables Museum이었다. 몽고메리가 '은빛 수풀Silver Bush'이라 이름 붙인 곳에 있는 이 박물관은 몽고메리의 삼촌 집으로, 몽고메리가 결혼식을 올린 곳이기도 하다. 몽고메리의 결혼식이 치러진 거실의 벽난로 앞에 서 있자니 소설 속 청혼 장면이 떠올랐다. 길버트가 병으로 심하게 앓자 혹여 그를 잃을까봐 마음 졸이던 앤이 자신이 길버트를 사랑한다는 사실을 깨닫고는 그의 청혼을 받아들이는 장면이다.

"I have a dream," he said slowly. "I persist in dreaming it, although it has often seemed to me that it could never come true. I dream of a home with a hearth-fire in it, a cat and dog, the footsteps of friends-and YOU!"
Anne wanted to speak but she could find no words. Happiness was breaking over her like a wave. It almost frightened her.
"I asked you a question over two years ago, Anne. If I ask it again today will you give me a different answer?"

Still Anne could not speak. But she lifted her eyes, shining with all the love-rapture of countless generations, and looked into his for a moment. He wanted no other answer.

"내겐 꿈이 있어." 길버트는 천천히 말했다. "나는 계속 같은 꿈을 꾸어왔어. 때때로 그 꿈이 절대로 이루어지 않을 것처럼 보였지만. 나는 벽난로에서 불이 활활 타고 있는 집을 꿈꿔. 고양이와 강아지가 있고, 친구들의 발소리가 들려오는ㅡ그리고 네가 있는!"

앤은 무언가 말을 하고 싶었지만 아무 말도 할 수 없었다. 행복이 파도처럼 그녀를 덮쳤다. 행복해서 두려울 지경이었다.

"2년도 더 전에 나는 네게 질문을 하나 했었지, 앤. 만일 내가 그 질문을 오늘 다시 한다면, 이번엔 다른 대답을 해주겠어?"

이번에도 앤은 아무 말도 할 수 없었다. 그러나 그녀는 무수한 세월에 걸친 사랑의 기쁨으로 빛나는 눈을 들어 그를 바라보았다. 그리고 순간 그의 눈을 들여다보았다. 그는 다른 대답을 원치 않았다.

몽고메리 생가에 그가 입었던 하이넥 웨딩드레스 복제품이 전시되어 있었다. 그 드레스 차림의 몽고메리가 결혼식 날 아침 그 집의 2층 계단을 서서히 내려오는 장면을 그려보았다. 그린게이블즈의 첫 신부新婦였던 앤의 결혼식도 그와 같았으리라.

But it was a happy and beautiful bride who came down the

몽고메리가 결혼식을 올린
그린게이블즈의 앤 박물관.
몽고메리의 삼촌 집이다.

몽고메리가 결혼식 때 입은
하이넥 웨딩드레스 복제품.
원본은 빛과 온도에 의한
손상을 막기 위해 다른 곳에
보관중이다.

old, homespun-carpeted stairs that September noon-the first bride of Green Gables, slender and shining-eyed, in the mist of her maiden veil, with her arms full of roses. Gilbert, waiting for her in the hall below, looked up at her with adoring eyes. She was his at last, this evasive, long-sought Anne, won after years of patient waiting. It was to him she was coming in the sweet surrender of the bride.

그러나 그 9월의 정오에 손으로 짠 낡은 카펫으로 덮인 계단을 걸어내려온 것은 행복하고 아름다운 신부였다. 늘씬한 몸매에 빛나는 눈동자를 가진 그린게이블즈의 첫 신부는 아가씨다운 베일의 안개에 감싸여 있었으며, 팔에는 장미를 가득 안고 있었다. 계단 아래 홀에서 그녀를 기다리던 길버트는 숭배하는 듯한 눈빛으로 앤을 올려다보았다. 그녀는 마침내 그의 것이었다. 그의 숙원이었던 앤은 수년간의 꾸준한 기다림 끝에 그의 것이 되었던 것이다. 그녀가 신부라는 달콤한 항복의 형태로 다가오고 있었던 상대는 바로 그였다.

그린게이블즈나 몽고메리 생가 등 이전까지 보았던 장소들이 '앤'에 초점을 맞추고 있었다면 이 박물관은 몽고메리에 초점을 맞추고 있었다. 그리고 가장 정보가 많았다. 어린 몽고메리가 그 앞에 서 있곤 했다는 책장이 그 집 거실에 있었다. 그 책장의 유리문에 비치는 자기 모습에 몽고메리는 '케이티 모리스'라는 이름을 붙여주고 친구로 삼는다. 외로운 앤 역시 케이티 모리스와 친구가 된다. 어린 시절의 나 역시 앤을 흉내내 '창문에 비치는 친구Window friend'를 만들었는데, 그 친구의 이름은 다름 아닌 '앤'이었다.

몽고메리가 사랑을 담아 그 집 식구들에게 증정한 초판본과 몽고메리가 머물던 방, 몽고메리가 등교하기 전 매무새를 고치느라 들여다보곤 했던 거울 등이 그곳에 있었다. 나는 젊은 몽고메리의 잔영이라도 찾듯 거울 앞에 한참을 서 있었다. 희망찬 이야기를 그렸지만 몽고메리의 삶은 그렇게 행복하지만은 않았다. 남편은 우울증에 시달렸고 큰며느리는 집을 나가 속을 썩였다. 그녀 자신은 말년에 신경 이상으로 고통받았다. "명성과 부富는 별개란다"라고 몽고메리는 말년에 조카의 군 입대를 만류하는 편지에, 몸이 아픈데도 사람을 쓸 여유조차 없는 자신의 신세를 한탄하며 썼다. 그 편지가 담긴 액자가 그 집 벽에 걸려 있었다.

박물관에서 나왔을 때는 비가 내리고 있었다. 집 바로 옆 연못, 앤이 '배리네 못'이라는 무미건조한 이름이 못마땅해 '빛나는 호수Lake of Shining Waters'라고 이름 붙인 연못의 모델인 캠벨의 못Campbells pond에 빗방울이 떨어질 때마다 파문이 일었다. 몽고메리는 '빛나는 호수'에 대해 이렇게 썼다.

> They had driven over the crest of a hill. Below them was a pond, looking almost like a river so long and winding was it.

앤이 사랑한 빛나는 호수.

A bridge spanned it midway and from there to its lower end, where an amber-hued belt of sand-hills shut it in from the dark blue gulf beyond, the water was a glory of many shifting hues-the most spiritual shadings of crocus and rose and ethereal green, with other elusive tintings for which no name has ever been found.

그들은 언덕마루 위로 마차를 몰았다. 그 아래에는 못이 하나 있었는데, 아주 길고 구불구불해서 거의 강처럼 보였다. 가운데에 다리가 놓여 있었고, 거기서부터 못의 끝자락까지, 호박색 모래언덕 띠가 검푸른 만灣과 경계를 이루는 지점까지—물빛은 찬란하게 변주되며 빛나고 있었다. 크로커스와 장미, 천상의 녹색 같은 영적인 색조, 그리고 어떤 이름으로도 규정할 수 없는 빛깔들이 그 물위를 감싸고 있었다.

*

프린스에드워드에서의 셋째 날이자 실질적으로 마지막날. 첫날 저녁을 먹은 식당에서 먹다 남아 싸온 피시앤칩스를 데우고 달걀프라이와 오렌지, 딸기를 곁들여 간단히 아침을 먹었다. 캐번디시의 숙소는 다 좋은데, 펜션처럼 아침을 안 주는지라 해 먹어야 한다는 점이 불편했다. 슈퍼마켓에서 달걀, 우유, 딸기, 오렌지를 샀는데 딸기는 그야말로 무미無味. 달걀은 놀랍게도 맛이 좋아서 매일 달걀만 먹고 싶을 정도였다.

체크아웃을 한 후 마지막으로 다시 그린게이블즈에 갔다. 이번에는 매슈의 방을 보러 갔다. 전날 밤 메건 팔로즈 주연의「빨강 머리 앤」DVD를 숙소에서 빌려 제이미와 함께 다시 보았는데 영화 속에서 매슈가 심장마비로 숨지는 장면이 나오자 책에서 매슈가 세상을 뜨는 부분을 읽으며 몹시 울었던 기억이 떠올랐다. 그래서 매슈의 방을 다시 보고 싶었다.

2층에 있는 마릴라와 앤의 침실과는 달리 1층에 꾸며진 매슈의 방은 슬펐다. 침대 기둥에 걸린 모자와 지팡이, 구석 의자에 걸린 멜빵이 주인을 잃은 것만 같아 슬펐다. 나는 진정으로 앤을 사랑했던 이 수줍고 따스한 남자가 참 좋았다.

"If I had been the boy you sent for," said Anne wistfully, "I'd be able to help you so much now and spare you in a hundred ways. I could find it in my heart to wish I had been, just for that."
"Well now, I'd rather have you than a dozen boys, Anne," said Matthew patting her hand. "Just mind you that-rather than a dozen boys. Well now, I guess it wasn't a boy that took the Avery scholarship, was it? It was a girl-my girl-my girl that I'm proud of."
He smiled his shy smile at her as he went into the yard. Anne took the memory of it with her when she went to her room that

그린게이블즈에 꾸며진 매슈의 방.

night and sat for a long while at her open window, thinking of the past and dreaming of the future.

"만약 제가 아저씨가 데리러 갔던 사내아이였다면," 앤은 아쉬운 듯 말했다. "지금 아저씨를 엄청나게 도우면서 수백 가지 방법으로 아저씨의 일을 대신할 수 있을 텐데요. 그것 때문에라도 저는 정말 제가 사내아이였으면 했어요."

"글쎄 나는, 사내 녀석을 한 다스 준다 해도 너랑 바꾸지 않겠다, 앤." 매슈가 앤의 손을 토닥이며 말했다. "사내 녀석 한 다스를 준다고 해도 말이다. 글쎄, 에이버리 장학금을 받은 건 사내 녀석이 아니었지. 그렇지 않아? 그건 여자아이였지. 내 딸, 내가 자랑스럽게 여기는 내 딸이 받았지."

매슈는 뜰로 들어서면서 특유의 수줍은 미소를 앤에게 지어 보였다. 그날 밤, 앤은 자신의 방으로 돌아가 한동안 창을 열어둔 채 앉아 있었다. 그리고 그 미소의 기억을 가슴에 품은 채 과거를 떠올리고 미래를 꿈꾸었다.

마지막으로 '연인의 오솔길'을 걷고 노바스코샤와 섬을 잇는 다리를 둘러본 후 차를 달려 섬의 중심지인 샬럿타운으로 왔다. 겨울처럼 춥고 빗방울마저 떨어졌는데 그나마 여행 마지막날이라 다행이었다. 『빨강 머리 앤』을 읽을 때는 프린스에드워드 아일랜드가 그렇게 추운 곳이라는 걸 미처 알지 못했는데 6월에 낮 최고기온이 섭씨 10도라니 진짜 추웠다. 우리의 명랑한 아가씨

앤은 6월에도 한기에 덜덜 떨고 있었던 것이다. 몽고메리가 교사로 일했다는 학교도, 이 섬의 유서 깊은 18세기 저택도 비수기에 일요일이라 문을 닫아서 가보지 못한 게 아쉬웠지만 언젠가 또 올 수 있으리라 생각하며 아쉬움을 달랜다.

전날부터 계속 슬픈 마음이 들었는데 몽고메리의 삶이 너무나 불행했다는 걸 알게 되었기 때문이었다. 생후 21개월 때 어머니를 잃고 외조부모 손에 큰 것만 해도 가혹한 인생. 진심으로 사랑했던 남자는 조건이 나쁘다는 이유로 주변에서 반대하는 바람에 결혼까지 가지 못했는데, 심지어 요절한다. (몽고메리에게는 많은 구혼자가 있었지만 그들은 대부분 요절한다.)

결국 그녀가 선택한 남편은 그다지 지적이지도 않고 문학에도 관심이 없는 목사였다. 몽고메리는 적어도 좋은 친구가 될 수 있을 거라는 믿음으로 남편을 골랐다고 말했다. 그러나 그 남편은 자신과 아내, 아들들은 '선택된 자'가 아니라서 천국에 가지 못할 것이며 따라서 태어나지 않는 편이 좋았다고 믿었고 그 믿음 때문에 극심한 우울증에 시달렸다. 남편과의 관계로 몽고메리는 무척 힘들었는데 설상가상으로 경제적으로도 어려웠다.

그녀는 67세의 4월 어느 날 침대에서 숨진 채 발견된다. 약물 과다복용. 자살로 추정된다. 몽고메리가 자살했을지도 모른다는 사실을 나는 그린게이블즈의 앤 박물관에 다녀온 날 밤, 제이미가 인터넷에서 검색해본 후 알려줘서야 알았다. 커다란 충격이었다. 앤이라는 긍정의 캐릭터를 창조해낸 그녀가 스스로 목숨을 끊었을 수도 있다는 사실을 믿기 힘들었다.

"이상한 건 우리가 간 어떤 장소에서도 그 얘길 해주지 않았다는 거야."

제이미가 말했다. 그랬다. 그린게이블즈에서도 몽고메리 생가에서도 박물관에서도, 그 어느 곳에서도 그녀의 자살 가능성에 대한 정보는 없었다.

"아마도 너무 슬픈 이야기라 굳이 관광객들에게 들려주지 않나봐."

제이미는 덧붙였다.

그린게이블즈는 놀이동산 같은 곳이라서, 그린게이블즈의 관리자들은 당의정처럼 꿈과 환상을 그곳에 입혀놓고 굳이 몽고메리의 슬픈 이야기는 감추는 걸까? 그렇다면 우리는 몽고메리가 단순한 '동화' 작가를 넘어서 '작가'로 존중받고 있다고 할 수 있는 걸까? 그녀의 문학은 단지 현실을 잊기 위한 엔터테인먼트로만 치부되는 걸까?

여러 가지 생각이 들었다. 소설에서 앤은 로맨틱하기보다는 현실적이며 친구 같은 길버트와 결혼한다. 아마도 그 결혼은 친구 같은 남편을 바랐던 몽고메리의 이상 속에 있는 결혼이었겠지. 그리고 그녀는 평생 요절한 연인 허먼 리어드Herman Leard와의 정열적인 사랑을 그리워한다. 몽고메리의 일기에 따르면 보수적인 시대였음에도 불구하고 그녀는 교사 시절 하숙하던 집 아들이었던 허먼을 종종 방으로 불렀지만, '처녀 신부'에 대한 환상이 있어서 끝내 잠자리는 하지 않았다고 한다.

캐번디시 공동묘지에 자리한 몽고메리의 무덤.

그날 오후가 될 때까지 나는 몽고메리의 자살설을 믿고 싶지
않았다. 그저 인터넷에 떠도는 부정확한 정보였으면 했는데,
샬럿타운의 빨강 머리 앤 기념품점에서 몽고메리 전기와 일기
모음집을 읽어보자 수긍할 수밖에 없었다.

"그때부터 내 삶은 지옥, 지옥, 지옥이었다(Since then my life is hell,
hell, hell……)"라고 1942년 어느 날 그녀의 일기는 시작된다. 그리고
끝난다.

Oh God forgive me. Nobody dreams what my awful position is.
오 하느님, 용서해주십시오. 제가 얼마나 끔찍한 상태인지는
아무도 모릅니다.

슬프고 우울한 기분으로 춥고 음산한 날씨의 샬럿타운을 걸으면서
얼어붙었던 마음은 저녁에 뮤지컬 〈앤과 길버트Anne&Gilbert〉를
보고 조금 풀어졌다. 앤이 고아라는 트라우마 때문에 길버트의
사랑을 받아들이지 못하다가 돌아가신 부모님의 자취를 좇으며
그들이 서로를, 그리고 딸인 자신을 사랑했다는 걸 깨닫고는 비로소
길버트에게 마음을 열게 된다는 내용이다.

대도시가 아니라 샬럿타운 같은 작은 도시에서 하는 공연인데다,
원작을 각색했다고 해서 정말 아무 기대 없이, 그렇지만 여기 온
김에 보기로 한 뮤지컬이었는데 의외로 스토리가 너무 재미있고

뮤지컬 〈앤과 길버트〉 포스터가 붙어 있는 샬럿타운의 더길드The Guild 극장.

배우들의 연기가 좋아서 시종일관 깔깔 웃으며 보았다. 그리고 뮤지컬이 끝날 때쯤 나는 다시 몽고메리는 이야기 너머로 보내고 이야기 속 앤의 긍정과 행복만을 눈앞에 두게 되었다. 몽고메리가 앤이 아니듯, 몽고메리는 나도 아니다. 슬프지만 감정이입할 필요는 없는 것이다. 꿈의 섬에서의 3박 4일이 이렇게 끝이 났다. '안녕, 나의 꿈의 섬.' 신혼생활을 보낸 꿈의 집을 떠나는 앤처럼 마음 깊은 곳에서 우러나오는 작별의 입맞춤을 보냈다.

She went out, closing and locking the door behind her. Gilbert was waiting for her with a smile. The lighthouse star was gleaming northward. The little garden, where only marigolds still bloomed, was already hooding itself in shadows.
Anne knelt down and kissed the worn old step which she had crossed as a bride.
"Good-bye, dear little house of dreams," she said.
앤은 문을 닫아 잠그고 집 밖으로 나왔다. 길버트가 미소 지으며 그녀를 기다리고 있었다. 등대별이 북녘 하늘에서 반짝이고 있었다. 마리골드만 아직 피어 있는 자그마한 정원은 이미 어둠에 덮여 있었다.
앤은 무릎을 꿇고 자신이 신부로서 밟았던 낡고 오래된 계단에 입맞추었다. 그리고 말했다.
"안녕. 나의 작은 꿈의 집."

Evangeline

에반젤린
헨리 워즈워스 롱펠로(Henry Wadsworth Longfellow, 1807~1882)

'에반젤린'이라는 이름에는 성스러운 기색이 있다. 이 이름의 그리스어 어원에는 '좋은 소식', 혹은 '좋은 소식을 가져오는 사람'이라는 뜻이 있기 때문이다. '에반겔리움evangelium'이 곧 '복음福音'이라는 뜻이니, 진정으로 성스러운 이름이다. 게다가 이 작품에서 에반젤린의 짝은 가브리엘, 성모마리아에게 수태를 알린 대천사의 이름이다. 두 남녀 주인공의 이름이 모두 '기쁜 소식'을 뜻하지만 정작 작품의 내용은 기쁨보다는 슬픔으로 가득차 있다.

헨리 워즈워스 롱펠로의 서사시 「에반젤린Evangeline」은 애절한 사랑의 이야기다. 전쟁 때문에 헤어진 남녀 주인공이 평생 서로를 찾아 헤매다가 노인이 되어서야 결국 재회하는 순애보. 작품의 배경 아카디아는 캐나다 최동단 노바스코샤주의 옛 이름. 프랑스 유민들이 모여 살았던 곳이다. 서글픈 땅이지만 나는 항상 '아카디아'라는 이름에서 일종의 이상향을 떠올렸는데, 그 이름이 17세기 프랑스 화가 니콜라 푸생의 그림 「나도 한때 아르카디아에 있었네」(1639)를 연상케 했기 때문이다. 푸생의 작품은 낙원에도 죽음이 있다는 내용으로, 그림에서 아르카디아는 고대 그리스의 이상향이다.

에반젤린은 내가 사랑하는 다른 소설 속 여주인공의 이름이기도 하다. 『톰 아저씨의 오두막』에 나오는 천사 같은 소녀의 이름 '에바'는 '에반젤린'의 애칭이다.

2 태고의 자연, 아카디아 국립공원

'아카디아Acadia' 하면 언제나 '태고太古'라는 단어가 함께 떠오른다. 이렇게 시작하는 시 「에반젤린」 때문이다.

여기는 태고의 원시림.
바람에 소슬대는 소나무 푸른 이끼에 싸여
황혼녘 아련할 때면*

태고의 원시림을 꿈꾸며 아카디아로 떠났다. 정확히는 아카디아 국립공원Acadia National Park으로 떠났다. 겨울이 채 물러가지 않았던 4월의 어느 날 맨해튼 이스트 빌리지의 고풍스러운 찻집 레이디 멘들스Lady Mendl's에 앉아 친구들과 애프터눈 티를 마셨다. 여행 이야기를 하다 문득 말했다.

"아카디아에 가보고 싶어."

* 「에반젤린」의 번역은 모두 혜원출판사에서 1985년에 출간한 안도섭 역편을 인용했다.

태고의 원시림을 꿈꾸며 떠난 여행.

그러자 한 친구가 말했다.

"나도."

"그럼, 우리 갈까?"

그냥 해본 말이었는데 순식간에 그 자리에 있던 네 명이 모두 동의했다. 그래서 떠나게 된 여행이었다. 떠남을 결심한 이유는 각자 다 달랐겠지만 내 이유는 하나였다. 「에반젤린」이었다.

※

「에반젤린」은 미국 시인 헨리 워즈워스 롱펠로의 서사시다. 프랑스 식민지였던 곳으로 지금은 캐나다 땅인 아카디아를 배경으로 펼쳐지는 절절한 사랑 이야기인데, 여주인공의 이름이 바로 에반젤린이다. 고결한 여성에게 어울리는 이름, 에반젤린.

아카디아의 마이너스만灣 기슭, 외진 골짜기에 그랑프레라는 마을이 있었는데 이 마을 제일의 부자 베네딕트 벨레폰테인에게는 사랑스러운 딸 에반젤린이 있었다.

롱펠로는 노래한다.

열일곱 난 딸은 볼수록 아름다운 꽃다운 처녀,
두 눈은 덤불 속에 반짝이는 딸기처럼 새까맣고
그 눈동자는 금발머리 밑에 부드럽게 빛났네!
그녀의 숨결은 풀밭에서 풀을 뜯는

암소의 숨결인 양 부드럽고 향기로웠네.

(……)

성당의 종소리 아침 공기를 흔들고

신부님이 히즈프를 뿌리며 신도들에게 축복을 내리는

일요일 아침이면

그녀는 한층 더 아름다워 보였네.

묵주와 성경책을 들고, 노르망 모자에

푸른 드레스를 입고, 옛 프랑스에서 가져왔던

대대로 전해오는 가보家寶로

어머니에게 물려받은 귀걸이를 달고

긴 거리를 걸어갔었네.

  마을 모든 젊은이의 마음을 애태웠던 에반젤린에게는 어린 시절부터 친구로 지낸 다정한 연인이 있었다. 바로 대장장이의 아들 가브리엘이다. 롱펠로의 표현을 빌리자면 "빛나는 아침해와도 같이 씩씩한 청년, 이상을 실천으로 옮기는 확고한 신념을 지닌 젊은이"다.

  비극은 이 두 사람의 결혼식 날 일어난다. 영국군이 마을에 들이닥치고, 마을 사람들은 추방당한다. 에반젤린의 아버지는 충격으로 숨지고, 배를 타고 추방당한 가브리엘과 에반젤린은 헤어진다. 순정은 여기에서부터 싹튼다. 에반젤린은 가브리엘을 되찾는 걸 포기하지 않는다. 일생을 걸고 미국 전역을 샅샅이 뒤진다. "그만 포기하고 다른 남자를 찾아 행복하게 살라"는 주변 사람들의 조언에 에반젤린은 답한다.

"그럴 수는 없습니다!
마음에 없는 사람에게 가다니요.
마음이 가닿는 곳에 등불이 비치듯이
모든 것이 환하지만,
다른 곳은 어두울 따름입니다."

「에반젤린」을 처음 읽은 건 일곱 살 무렵이었다. 아니, '읽었다'는 표현보다 '들었다'는 표현이 적확하겠다. 엄마는 매일 밤 잠들기 전 나와 동생에게 책을 읽어주었는데, 그중 한 권이 바로 「에반젤린」이었다. 엄마는 책을 읽어주는 동시에 읽히기도 해서, 이 책의 어떤 구절들은 소리 내어 읽었기 때문에 아직도 생생하게 귓가에 메아리친다. 「에반젤린」에는 옥수수껍질을 벗기는 처녀들이 붉은 옥수수알이 나오면 사랑의 징조라 생각한다는 구절이 있다.

황금빛 가을,
옥수수껍질을 벗길 때, 처녀들은
붉은 옥수수알이 나오면
사랑의 징조라 하여 얼굴 붉히고,
구부러진 것이 나오면 그것은

옥수수밭의 도둑놈이라고 깔깔대었네.
붉은 옥수수알이 나와도
에반젤린의 애인은 돌아오지 않았네.

    이 구절 때문에 한동안 옥수수를 먹을 때면 에반젤린을 생각했다. 붉은 옥수수알이 보이면 '사랑의 징조일까' 곰곰이 생각하곤 했다. 어린 날의 일이다.
    세월이 흐른다. 시간은 에반젤린에게서 젊음을 앗아간다. 슬픔의 그림자가 그녀의 얼굴에 짙게 드리운다. 늙은 에반젤린은 펜실베이니아의 한 요양소에서 환자들을 돌본다. 어느 여름날의 안식일 아침, 침대에 누운 노인의 얼굴이 에반젤린의 눈을 사로잡는다. "가브리엘! 오, 나의 사랑하는 그대여!" 에반젤린이 그의 얼굴을 가슴에 안자 노인의 눈동자는 잠시 빛나다가 이내 어둠 속으로 사라지며 숨을 거둔다.

이제는 모든 것이 끝났네.
희망도,
공포도,
슬픔도,
가슴 아파하던 것도,
마음의 번뇌도,
안타깝던 그리움도, 심한 고통도

오래 참고 견디어온 고뇌도 모두 사라졌네!
에반젤린은 차디찬 그의 얼굴을
다시 한번 가슴에 껴안으면서
조용히 고개 숙여
기도드렸네.
"하늘에 계신 아버지시여! 감사하나이다!"

*

 연애를 글로 배웠다는 건 치명적이다. 나처럼 고지식한 성격의 사람에겐 더욱 그렇다. 오랫동안 나는 누군가를 사랑한다는 일에 지고지순한 가치를 부여해왔다. "사랑은 오래 참고 사랑은 온유하며⋯⋯"로 시작하는 성경의 사랑에 대한 정의를 남녀 간의 사랑에 대한 기준에도 적용해왔다. 영원하지 않은 것은 사랑이 아니라고 믿었다. 누군가를 사랑하면 평생 가야 한다고 생각했다. 변치 않을 것 같은 감정만이 사랑이라고 좁게 정의했다. 그래서 평생 사랑할 수 있을 것 같은 확신이 들지 않는 상대와는 아예 시작하지도 않았다. 누군가는 내게 마음이 닫혀 있다고 했고, 누군가는 내게 눈이 높다고 했지만 이유는 하나였다. 사랑을 대단한 것이라고 생각했던 것이다.
 언젠가 한 친구가 내게 말했다. "너는 다른 이야기들은 다 쉽게 털어놓으면서 연애에 있어서만은 그렇지 않구나. 태곳적부터 네 마음속에서 결정되어 있던 일인 것처럼 굳건하게 지켜나가면서 도무지 그 일에 대해서는 이야기를 하지 않네."

그 말을 듣고 보니 과연 그랬다. 나는 그 일들에 대해서는 좀처럼 주변에 이야기하지 않았다. 연인과의 갈등에 대해서는 고민을 털어놓곤 했지만 아주 가까운 사람들에 그쳤다. 연애란 온전히 나 자신과 상대, 둘 사이의 일이라고 생각했다.

돌이켜보면 다소 어리석었는지도 모른다. 사랑에는 여러 빛깔이 있다는 것, 아니다 싶을 때는 헤어지는 편이 현명하다는 걸 알지 못했다. 이 모든 건 어릴 적부터 책벌레였기 때문에 생긴 병폐였다. 내가 즐겨 읽었던 소설 속 주인공들은 하나같이 사랑의 굳건함, 사랑의 영원함, 사랑의 아름다움을 찬양했다. 그러한 사랑이라는 것이 소설에서이기 때문에 가능하다는 것을 나는 오랫동안 깨닫지 못했다. 작가들은 자신의 이상을 작품에 투영한다.

오랫동안 나는 제인 오스틴의 『오만과 편견』 속 엘리자베스나 샬럿 브론테의 『제인 에어』처럼 그다지 예쁘지는 않으나 지적인 여성이 결국은 진정한 사랑을 얻게 되리라 믿어왔다. 여성 소설가들이 대개 아름답다기보다는 지적인 여자라 자신의 판타지를 작품에 녹여냈다는 걸 깨달은 건 최근에서였다.

그럼에도 불구하고 나는 그처럼 정결하고 순도 높은 사랑이 아름답다고 생각한다. 단지 순애보에 그치는 것이 아니라 정말로 품위 있는 사랑. 그런 사랑의 여주인공에 대해 생각하자면 항상 에반젤린이 떠오른다.

✳

　애틋한 사랑 이야기를 꿈꾸며 아카디아 여행 준비를 했는데 내가 가려는 아카디아와 「에반젤린」의 아카디아가 같은 곳이 아니라는 사실을 떠나기 직전에야 알았다. 우리의 여행지 아카디아 국립공원은 미국 메인주지만 「에반젤린」의 배경인 아카디아는 캐나다 노바스코샤주다. 친구들에게도 가족들에게도 "「에반젤린」의 아카디아에 간다"며 자랑했는데 이런 실수가……. 조금은 김이 빠졌지만 메인주는 캐나다와 가까웠고, 나는 미국의 아카디아에서도 「에반젤린」의 아카디아의 정취를 조금이나마 느낄 수 있을 거라고 멋대로 생각했다.

　6월의 넷째 주 주말 메인주 뱅고어Bangor공항에 내려서 한 시간여 차를 달려 아카디아 국립공원에 도착했을 때는 안개가 무척 짙었다. 물안개 속에서 파도가 몹시 쳤다. 물거품이 부서지는 붉은 바위 위를 갈매기 몇 마리가 느릿느릿 걷고 있었다. 서정적이면서 쓸쓸한 풍경이었다. 비련의 주인공 에반젤린을 이 바닷가에 세워놓아도 손색이 없어 보였다. 함께 간 친구 리즈가 도서관에서 「에반젤린」을 빌려 왔다. 교포 2세인 그는 문학을 사랑하는 꿈 많은 아가씨다. 아카디아로 향하는 차 안에서 우리는 소리 내어 「에반젤린」의 첫머리를 함께 읽었다.

This is the forest primeval. The murmuring pines and the

안개 자욱한 아카디아 국립공원의 바다.

때로는 수묵화의 한 장면 같은 조던 연못.

hemlocks,
Bearded with moss, and in garments green, indistinct in the twilight,
여기는 태고의 원시림. 바람에 소슬대는 소나무 푸른 이끼에 싸여
황혼녘 아련할 때면,

    아카디아에서의 사흘은 안개 낀 첫날만 제외하고는 서정적인 것과는 거리가 멀게 흘러갔다. 맑은 날, 아카디아의 바다는 활기찬 푸른색이었다. 산화철 때문에 붉은 기운을 띤 바닷가 바위가 물빛깔과 대비되며 화창한 명랑함을 더했다. 호수라고 해도 될 정도로 넓은 조던 연못가에 앉았다가 버블^{bubble}이라는 이름의 바위산을 등반했다. 씩씩하고 활동적인 미국 아가씨들에 뒤처지지 않도록 몸을 움직이는 데 여념이 없어 감상이 끼어들 새가 없었다.
    다시 「에반젤린」을 생각한 것은 뉴욕으로 돌아온 이후였다. 여독이 쌓인 몸을 침대에 누이는데 문득 「에반젤린」이 생각났다. 애달픈 사랑 이야기를 찾아 떠난 여행이 일종의 체력단련으로 끝나다니 웃음이 났다. 하긴 마흔을 바라보는 나이에는 사랑 타령을 하기보다는 잡생각 없이 열심히 운동하며 건강관리에 힘쓰는 편이 더 나을지도 모른다. 사람 일이란 모르는 거니 언젠가는 「에반젤린」의 배경인 진짜 아카디아에 가볼 날이 있으리라.
    엄마가 어린 내게 「에반젤린」을 읽어준 까닭을 짐작할 수 있었던 것은 중학생이 된 이후였다. 우표 수집을 하던 나는 엄마의 편지

상자를 뒤져 1970년대의 우표를 뜯어내 모으곤 했는데, 우표를
뜯는 동시에 편지도 훔쳐보곤 했다. 결혼 전 엄마가 받았던 연서戀書
중 한 통에 이런 구절이 있었다. "'에반젤린'과 '이녹 아든'. 나는
그들이 잘 어울리는 한 쌍이라고 생각했습니다." 이녹 아든은
테니슨이 쓴 장편 서사시의 주인공으로 아내에게 지고지순한
사랑을 바치는 뱃사람이다.「이녹 아든」역시 엄마가「에반젤린」과
함께 즐겨 읽어주던 책이었다. 그 두 권을 읽어줄 때마다 엄마는
에반젤린과 이녹 아든을 좋아하던 옛 연인을 추억했을지도 모른다.
한결같은 사랑을 아꼈던 그 남자는 연인에서 남편이 되고 말았지만.
'에반젤린'은 아버지가 일흔이 넘은 지금도 가장 좋아하는 문학작품
속 주인공이고, '이녹 아든'은 두번째로 좋아하는 주인공이라고
했다.

   모든 사랑이 에반젤린과 가브리엘의 사랑 같을 수 없다는 것을
알고 있다. 에반젤린의 사랑과 같은 사랑만 의미 있다고 생각하지도
않는다. 나 역시 그런 사랑의 주인공이 되지 못했다. 그렇지만 어떤
사람들은 에반젤린과 같은 마음으로 사랑하고, 그리하여 세상에는
그런 사랑이 있기도 하다는 것도 알고 있다.

   엄마가 읽어주던 낡은「에반젤린」을 아직도 가지고 있다.
'아카디아의 슬픈 사랑 이야기'라는 부제가 붙은 책이다. 곧게
사랑하고 싶은 날이면 책장을 펼치고「에반젤린」의 서시序詩를
조용히 읽어본다. 젊은 엄마의 목소리가 묵독默讀하는 내 마음속
음성과 겹친다. '태고'라는 단어를 이 책에서 처음 배웠다. 그래서

니콜라 푸생,
「나도 한때 아르카디아에 있었네」,
캔버스에 유채, 87×120cm, 1638년,
루브르박물관.

'태고'라는 말을 들을 때마다 나는 단정하고 굽힘 없는 애달픈 사랑 이야기를 절로 떠올리게 되는 것이다.

여기는 태고의 원시림.
바람에 소슬대는 소나무 푸른 이끼에 싸여
황혼녘 아련할 때면
마치 슬픈 예언자의 목소리 지닌
옛 드루이드의 성자聖者처럼
가슴까지 턱수염 나풀거리는
은발의 하프 연주자처럼 서 있네.
(……)
그대, 참고 견딤으로
소망이 이루어짐을 믿는 이여,
그대, 여자의 아리따움과 곧은 정절을 믿는 이여
귀를 기울이라,
숲속의 소나무들이 지금도 노래하는
저 애달픈 전설을,
귀를 기울이라.
이 행복한 마을 아카디아의
사랑 이야기를.

YOUNG GOODMAN BROWN

THE SCARLET LETTER

영 굿맨 브라운
주홍 글씨
너새니얼 호손(Nathaniel Hawthorne, 1804~1864)

너새니얼 호손은 아마도 독자들에게는 『주홍 글씨』의 작가로 더 친숙할 것이다. 내게도 마찬가지였다. 그렇지만 호손의 고향 세일럼에 갔을 때만은 대학 시절 '19세기 미소설' 수업에서 배운 단편 「영 굿맨 브라운」이 떠올랐다. 세일럼은 대규모 마녀사냥이라는 아픈 역사를 간직한 도시고, 「영 굿맨 브라운」의 배경이 바로 이 도시 세일럼이기 때문이다.

호손은 1804년 세일럼에서 태어났다. 아버지는 선장이었다. 7세 때 아버지가 병으로 숨졌지만 외가의 도움으로 학업을 계속했다. 36세 때 출간한 단편집 『진부한 이야기들Twice-Told Tales』로 큰 호평을 받았고, 명문 피바디 가문의 딸 소피아와 결혼한 남부러울 것 없는 인생이었지만 그에게는 뿌리깊은 죄의식이 있었다. 고조부가 17세기 세일럼의 마녀재판 때 재판관으로 활동하며 애먼 사람들을 죄인으로 몰아갔기 때문이다. 선조의 죄에 대한 부끄러움이 호손에게는 창작의 연료가 된다.

종교라는 환영에 씌어 진정한 믿음Faith을 상징하는 아내를 불신하는 남자의 이야기를 그린 「영 굿맨 브라운」은 마녀사냥에 대한 죄의식이 낳은 작품이다. 세일럼에서 자동차로 한 시간가량 떨어진 인근 보스턴을 배경으로 한 『주홍 글씨』도 마녀재판에 대한 회개 의식을 바탕으로 쓰였다. 『주홍 글씨』에서 간통죄로 마을 사람들에게 손가락질당하는 헤스터 프린은 청교도 근본주의의 부산물인 마녀사냥의 희생양을 상징한다. 창작에는 여러 원동력이 있다. 루이자 메이 올컷이나 찰스 디킨스는 돈이 필요해 썼다. 카프카는 불행해서 쓴다고 밝혔다. 그리고 여기에 또다른 하나의, 아름답기 그지없는 창작 동인이 있으니, 바로 호손의 염치다.

3   마녀 도시, 세일럼

세일럼Salem이라는 도시에 대해 처음 들은 건 대학생 때 수강한 '19세기 미소설' 수업에서였다. 그 수업시간에 읽은 단편 중에 너새니얼 호손의 「영 굿맨 브라운」이 있었다.*

YOUNG GOODMAN BROWN came forth at sunset into the street of Salem village ; but put his head back, after crossing the threshold, to exchange a parting kiss with his young wife. And Faith, as the wife was aptly named, thrust her own pretty head into the street, letting the wind play with pink ribbons of her cap while she called to Goodman Brown.
영 굿맨 브라운은 해질녘에 세일럼 마을의 거리로 나섰지만 문지방을 넘은 후 젊은 아내와 작별의 입맞춤을 나누기 위해

---

* Good Man을 향사鄕士라고 번역하는 경우가 왕왕 있다. 그러나 '선한 사람'이라는 중의적 의미를 살리기 위해 이 글에서는 그냥 '굿맨'이라고 옮겼음을 알려둔다.

고개를 돌렸다. 그리고 페이스Faith(믿음)라는 이름에 걸맞게 신앙심 깊었던 그 아내는 귀여운 머리를 거리로 내밀어 굿맨 브라운을 불렀는데, 모자의 분홍색 리본이 바람에 흩날리고 있었다.

믿음 깊은 영 굿맨 브라운이 어여쁜 아내 페이스가 마녀의 밤에 초대받아 다녀오는 환영을 본 이후 의심의 늪에 빠져든다는 이 이야기는 신앙의 허약한 지점과 의심의 문제를 다룬다. 대학생이 이해하기에는 쉽지 않았던 그 소설의 배경이 세일럼이었다.

세일럼은 또한 호손의 고향이기도 하다. 마녀사냥의 중심지였던 세일럼에서 마녀 재판관으로 활동했던 고조부에 대한 죄의식이 호손 문학의 원동력이다. 청교도 근본주의에 대한 회의와 의문을 담은 그의 대표작 『주홍 글씨』는 그러한 토양에서 탄생한다.

그 세일럼에 다녀왔다.

예정에 없던 여행이었다. 지난 핼러윈 때 한 여행사의 세일럼 투어상품을 보고 고민만 하고 예약하지 않았을 때를 빼놓고는 세일럼에 대해 생각해본 적이 없었다. 그런데 보스턴을 방문해 그곳에 있던 대학 선배들과 점심을 먹던 중 보스턴에서 연수중이던 I 언니가 "세일럼에 다녀왔는데 갈 만하더라. 특히 호손의 '일곱 박공의 집House of Seven Gables'은 정말 가볼 만하다"고 하는 게 아닌가.

구미가 당겼지만 굳이 갈 생각은 없었다. 내가 묵고 있는 보스턴

근교 케임브리지에서 세일럼은 차로 40분. 나는 미국에서 운전을 할 엄두가 나지 않았고 신세 지고 있는 친구네는 차가 없었다. 기차를 타고 가자니 꽤 멀어서 그냥 포기하고 밤에 인터넷에서 세일럼 투어에 대한 내용만 검색하다 잤다. 그런데 아침에 눈을 떠보니 케임브리지에 사는 또다른 선배 H 언니가 보낸 문자가 와 있었다. "오늘 휴가 쓸 수 있으니 세일럼에 같이 가자." 그래서 세일럼에 갔다.

*

고풍스러운 도시였고, 마녀가 도시의 주된 테마였다. 도서관 사서인 H 언니의 설명에 따르면 미국인들은 족보학 genealogy에 관심이 많은데, 선조 중 마녀로 몰려 죽은 이가 있다는 사실에 호기심을 가진 사람들이 세일럼을 찾는다고 했다. 그들이 세일럼의 도서관에 소장된 지역 관련 자료를 뒤지며 마녀 관련 자료에서 조상의 이름을 찾아본다는 것이다. 족보에 관심 많은 퇴직자들이 미국 도서관의 큰 고객층이라고 했다.

일단 세일럼 마녀 박물관 Salem Witch Museum에 갔다. 박물관 홀 바닥에 1692년 처음 마녀로 몰려 교수형에 처해진 세일럼 남녀 열아홉 명의 이름이 새겨져 있었다. 홀 가운데에 객석이 있고 벽을 빙 둘러 연극 무대 같은 세트가 꾸며져 있는데 관객석에 불이 꺼지자 세트에 조명이 들어오더니 인형들이 움직이면서 마녀사냥

세일럼 마녀 박물관 전경.

박물관 입구에 세워진 동상은 세일럼의 첫 영국인 정착민인 로저 코넌트 Roger Conant 다.

마녀 박물관 기념품점에 진열된 귀여운 마녀 인형.

당시 상황이 한 편의 연극처럼 펼쳐졌다.

마을의 소녀들이 시름시름 앓고 히스테리 증상을 보이자 부모들은 원인을 찾아 나선다. 아픈 아이들이 지목한 여자들을 마녀로 몰아 재판에 회부하고 죽이기까지 한 과정이 끔찍스러웠다. 후대의 학자들은 당시 소녀들에게 히스테리를 일으킨 원인을 그들이 먹었던 식물의 독성으로 추정하지만 과학과 합리성은 당시에는 힘을 발휘하지 못했다.

마을의 거지 여자, 원주민 노예, 재혼한 과부 등이 마녀로 몰려 처형되었다. 고문으로 사망한 한 명을 포함해 모두 스무 명을 죽음으로 몰아간 이 사냥의 희생자는 대부분 마을의 약자弱者였는데 그중 열네 명이 여성이었다. 당시 뉴잉글랜드에는 켈트족 신앙을 가진 이교도들이 살았는데 이들 중 약초를 잘 쓰고 아이를 잘 받아 산파 역할을 하던 여자들이 마녀로 몰리기도 했다. 수백 년 후 미국 정부는 이 켈트족 신앙을 '위카Wicca'라는 정식 종교로 인정한다. 호손은 영 굿맨 브라운이 숲속에서 마을의 신심 깊은 이들과 사랑하는 아내 페이스가 마녀집회에 참가하고 있는 환영을 보는 장면을 이렇게 묘사한다.

> There was one voice, of a young woman, uttering lamentations, yet with an uncertain sorrow, and entreating for some favor, which, perhaps, it would grieve her to obtain ; and all the unseen multitude, both saints and sinners, seemed to

encourage her onward.

"Faith!" shouted Goodman Brown, in a voice of agony and desperation ; and the echoes of the forest mocked him, crying, "Faith! Faith!" as if bewildered wretches were seeking her all through the wilderness.

젊은 여자의 목소리가 들렸다. 정체를 알 수 없는 슬픔으로 애통해하고 있었다. 자비를 구하고 있었는데, 그를 얻는 것이 오히려 그녀를 슬프게 만들지도 몰랐다. 그리고 보이지 않는 수많은 사람이, 성자와 죄인 모두가 그녀를 부추기는 것처럼 보였다.

"페이스!" 고통과 절망이 뒤섞인 목소리로 굿맨 브라운이 외쳤다. 그러자 숲의 메아리가 그를 조롱하듯 울렸다. "페이스! 페이스!" 마치 당혹감에 빠진 불쌍한 영혼들이 숲을 샅샅이 뒤져 그녀를 찾아 헤매는 듯한 울림이었다.

나무에 걸려 있는 페이스의 분홍색 리본을 본 굿맨 브라운은 울부짖는다.

"My Faith is gone!"
"나의 페이스가 사라져버렸어!"

사라진 것은 그의 아내인가, 아니면 믿음인가. 브라운의 울부짖음은 중의적이다. 소설에서 호손이 의도한 것도 바로 그 지점이다. 작가는 마녀사냥의 광기狂氣로 돌변하는 믿음의 허약한 속성과 인간의 어리석음을 숲에서 본 환영 때문에 평생 아내를 믿지 못하고 불행하게 살다 간 브라운을 통해 이야기한다.

※

　박물관을 둘러본 후 호손의 소설 『일곱 박공의 집』의 모델이 된 '일곱 박공의 집'에 갔다. 이 소설을 아주 오래전에 읽었지만 내용은 기억나지 않았다. 인터넷에서 뒤져보니 역시나 마녀재판을 소재로 해서 이 선대의 악행이 후대에까지 영향을 주게 되는 이야기였다. 호손은 자신의 친척집으로, 개축을 거듭하다보니 박공이 일곱 개나 되었던 이 집에서 영감을 받아 소설을 썼다고 한다.
　그 집에서 『주홍 글씨』의 헤스터 프린을 생각했다. 페이스가 가녀리고 연약한 믿음의 여자라면, 헤스터 프린은 신념의 화신 같은 여자다. 보스턴의 이사벨라 스튜어트 가드너 박물관Isabella Stewart Gardner Museum에서 『주홍 글씨』 초판이 전시된 것을 본 적이 있다. 보스턴은 『주홍 글씨』의 배경이다. 영국의 청교도들이 종교의 자유를 찾아 미국으로 망명하던 17세기 보스턴, 늙은 남편을 두고 먼저 미국에 온 헤스터 프린은 젊은 목사 딤즈데일과의 사이에서 아이를 낳는다. 간통한 죄로 복역하고 평생 가슴에 'adultery(간통)'의 약자인 주홍색 'A'를 달고 살면서 사람들로부터 손가락질받는다. 헤스터 프린의 이야기를 통해 호손은 청교도 사회의 억압과 무자비함, 같은 죄를 지었어도 여성에게 더 가혹한 불평등과 모순을 비판한다.

호손의 원래 성姓은 'Hathorne'이었지만 그는 마녀 재판관이었던 고조부가 부끄러워 w를 추가, 'Hawthorne'으로 개명했다고 한다. 선조의 죄를 평생 뉘우치며 문학을 통해 속죄했던 호손의 염결성이 감탄스러웠다. 그 염결성이 『주홍 글씨』의 클라이맥스, 마을 사람들로부터 존경받던 신심 깊은 목사 딤즈데일이 헤스터 프린, 그리고 딸 펄과 함께 처형대에 올라 죄의식에 떨며 자신이 헤스터의 간통 상대라는 사실을 고백하며 쓰러지는 장면을 낳았으리라. 결국 『주홍 글씨』는 너새니얼 호손이라는 한 인간의 양심이 빚어낸 결과물인 셈이다.

계림문고 축약본으로 『주홍 글씨』를 읽었던 초등학교 시절부터 헤스터 프린을 무척 좋아했다. 마녀사냥의 희생양으로 사람들에게 따돌림당하면서도 개의치 않고 꿋꿋이 살아가는 헤스터의 당당함이 살면서 여성이라는 이유로 부당하게 오해받을 때 취해야 할 자세의 표본이 되어주었다. 오랫동안 나는 이 구절을 아꼈다.

> The letter was the symbol of her calling. Such helpfulness was found in her,-so much power to do, and power to sympathize,-that many people refused to interpret the scarlet A by original signification. They said that it meant Able; so strong was Hester

'일곱 박공의 집' 전경과 안뜰.

Prynne with a woman's strength.

그 글자는 그녀의 소명을 상징하는 것이었다. 그녀 안에는 남에게 도움을 주는 대단한 힘이 있었고, 행동할 수 있는 힘과 공감할 수 있는 능력이 있었기에, 많은 사람들은 주홍색 A를 원래의 의미로 해석하기를 거부했다. 사람들은 그것이 '능력'을 뜻한다고 말했다. 헤스터 프린은 여인의 힘으로 그렇게 강한 존재였던 것이다.

사회에서 어떻게 규정지어지는가보다 내가 어떻게 삶을 살아가느냐가 더 중요하다는 것을 알려준 여자, 헤스터 프린. 호손이 묘사한 그 여자의 모습을 '일곱 박공의 집' 앞 잔디밭에 앉아 세일럼의 푸른 바다를 보면서 떠올려보았다.

The young woman was tall, with a figure of perfect elegance on a large scale. She had dark and abundant hair, so glossy that it threw off the sunshine with a gleam, and a face which, besides being beautiful from regularity of feature and richness of complexion, had the impressiveness belonging to a marked brow and deep black eyes. She was lady-like, too, after the manner of the feminine gentility of those days; characterized by a certain state and dignity, rather than by the delicate, evanescent, and indescribable grace, which is now recognized as its indication. And never Hester Prynne appeared more

푸르디푸른 세일럼의 바다.
호손의 염결성을 투영하는 것처럼 보였다.

lady-like, in the antique interpretation of the term, than as she issued from the prison.

그 젊은 여성은 큰 키에 전체적으로 완벽한 우아함을 겸비하고 있었다. 짙은 색 풍성한 머리카락은 반짝이는 햇살을 떨쳐버릴 정도로 윤이 났다. 얼굴은 균형 잡힌 이목구비와 풍부한 혈색 덕분에 아름다운데다 또렷한 이마와 깊고 검은 눈동자는 깊은 인상을 주었다. 그녀는 당시 여성 고유의 품격을 지닌 숙녀이기도 했다. 그 무렵 숙녀의 품위란 요즘 기준과는 달리 섬세하고 덧없고 형언할 수 없는 우아함이라기보다는 암시적으로 알아차릴 수 있는 어떤 위엄으로 특징지어졌다. 그리고 감옥에서 나오는 그 순간만큼, 헤스터 프린이 고전적인 의미로 숙녀답게 보인 적이 없었다.

Little Women

작은 아씨들
루이자 메이 올컷(Louisa May Alcott, 1832~1888)

주인공이 많은 이야기의 장점은, 독자가 주인공 중 한 명과 스스로를 동일시하기 쉬워서 이야기의 몰입도가 높아진다는 점이다. 『작은 아씨들』이 시공간을 초월해 많은 사랑을 받은 것 또한 개성 강한 네 자매가 주인공이기 때문이 아닐까. 상냥하고 여성스러운 맏언니 메그와, 활발하고 글 잘 쓰는 말괄량이 둘째 조, 수줍고 피아노 잘 치는 셋째 베스, 그림 잘 그리며 자존심 센 금발의 막내 에이미…….

시몬 드 보부아르는 자서전 『착실한 딸의 회고록 Mémoires d'une jeune fille rangée』(1958)에서 그중 '지식인 조'와 자신을 동일시했다고 썼다. 실제로 글 쓰는 많은 여자들이 조와 스스로를 동일시한다. 그런데 나는 메그를 나 자신과 동일시했다. 지금 생각해보면 아마도 맏이라는 자의식이 가장 크게 작용한 게 아닌가 싶다. "매우 예쁜 얼굴에 포동포동한 몸매와 큰 눈, 숱 많고 부드러운 갈색 머리카락과 사랑스러운 입매, 하얀 손"이라는 메그에 대한 묘사 중 나와 일치하는 건 '하얀 손'밖에 없었지만, 그리고 메그는 네 자매 중 가장 개성 없고 매력적이지 않은 인물이지만 나는 메그가 좋았다. '글 쓰는 여자'가 된 지금에도 넷 중 누구에 가장 가까우냐는 질문을 받는다면 활달한 조보다는 순종적인 메그라고 답하겠다.

올컷이 살았던 집 '오처드하우스'의 투어는 올컷의 분신인 조와 막내 에이미에 초점이 맞추어져, 안타깝게도 메그의 흔적은 거의 발견할 수 없었다. 어쩌면 당연한 일이다. 옆집 소년 로리의 가정교사와 결혼해 현모양처로 살아간 메그에게는 나머지 세 자매와는 달리 예술적인 재능이 없었고, 인생의 극적인 포인트도 없으니 말이다.

그렇지만 세상의 많은 여자들은 조나 베스, 에이미처럼 살기보다는 메그처럼 살아간다. 책임감 강한 언니이자 사랑스러운 딸로, 다정한 어머니이자 아내로 착실하게 가정을 꾸리면서. 그것이 내가 이 책의 특별하지 않은 주인공 메그를 사랑하는 까닭이며, 책을 소개하며 그녀에 대해 길게 늘어놓는 이유이기도 하다.

4 네 자매 이야기, 콩코드

 미국 동부로 연수를 가면 『작은 아씨들』을 쓴 루이자 메이 올컷의 생가 '오처드하우스Orchard House'에 꼭 가보라고 한 사람은, 『작은 아씨들』의 조처럼 네 자매의 둘째인 친구 J였다.

 전해 가을 보스턴에 가보았음에도 또다시 보스턴행을 결정한 건 보스턴 인근 콩코드에 있는 오처드하우스에 가기 위해서였다. 오처드하우스 근처에 헨리 데이비드 소로의 월든Walden이 있다고 해서 간 김에 거기까지도 가보려 했다. 이곳 역시 세일럼에 데려가준 대학 선배 H 언니가 차로 데려다주겠다고 해서 언니와 언니의 네 살짜리 아들과 함께 점심때쯤 길을 나섰다.

 오처드하우스에는 매 시간 가이드 투어가 있는데, 투어에 참가해야만 입장할 수 있었다. 투어 가이드 낸시 할머니는 올컷의 가족 얘기부터 했다. 올컷의 어머니 애비게일 메이는 부유한 집안의 딸로 여성인권과 노예해방을 위해 싸우던 여성이었다고 한다. 그는 애초에 결혼에 관심 없었는데, 우연히 뜻이 맞는 남자 에이머스 브론슨 올컷을 만나게 되자 결혼해 매사추세츠주 콩코드로 오게 되었다고 했다.

헨리 데이비드 소로의 근거지였던 월든호수.

올컷 가족이 콩코드로 왔을 때는 그야말로 무일푼. 매일 빚쟁이들에게 쫓겼는데, 올컷 아버지와 친분이 있었던 랠프 월도 에머슨의 도움으로 그나마 이곳에 집을 마련했다. 가족은 이 집에서 1857년부터 1877년까지 살았다. 근 30년간 스물두 번 이사를 한 끝이었다.

올컷 부부에게는 네 딸이 있었고, 오처드하우스로 이사왔을 때 스물다섯 살이었던 루이자는 넷 중 둘째였다. 『작은 아씨들』 중 글 쓰는 둘째 조는 바로 루이자 자신이다. 루이자는 『작은 아씨들』에서 조를 이렇게 묘사한다.

> Fifteen-Year-old Jo was very tall, thin, and brown and reminded one of a colt, for she never seemed to know what to do with her long limbs, which were very much in her way. She had a decided mouth, comical nose, and sharp, gray eyes, which appeared to see everything, and were by turns fierce, funny, or thoughtful. Her long, thick hair was her one beauty, but it was usually bundled into a net, to be out of her way. Round shoulders had Jo, big hands and feet, a flyaway look to her clothes, and the uncomfortable appearance of a girl who was rapidly shooting up into a woman and didn't like it.
> 열다섯 살의 조는 몹시 키가 크고 마른데다 가무잡잡한 소녀로 긴 팔다리를 주체하지 못하는 것처럼 보여서 망아지를 연상시켰다.

루이자 메이 올컷이
『작은 아씨들』을 썼던
오처드하우스.

결연한 입매와 우스꽝스러운 코, 그리고 모든 것을 꿰뚫어보는 듯하면서도 번갈아 사나웠다가, 장난스러웠다가 혹은 사려 깊어 보이기도 하는 날카로운 회색 눈을 가지고 있었다. 길고 숱 많은 머리칼이 그녀의 유일한 아름다움이었지만 항상 걸리적거리지 않도록 그물망에 넣어 한덩어리로 고정시켰다. 조의 어깨는 둥글고 손발이 크며 옷맵시는 없었는데 자신이 급속도로 여인이 되어가고 있다는 사실을 마뜩잖아하는 소녀의 불안정한 모습이었다.

루이자는 조뿐만 아니라 자신들 네 자매를 모델로 『작은 아씨들』의 네 자매를 탄생시켰다. 소설에서와 마찬가지로 큰언니는 결혼해 아이 낳고 주부로 살아가며, 피아노 잘 치는 셋째 베스는 성홍열로 요절한다.

낸시 할머니는 루이자와 그림 잘 그리는 막내 에이미(실제 이름은 애비게일 메이)의 관계에 초점을 맞춰 이야기했다. 그 이야기가 내게는 새롭게 들렸는데 나는 항상 에이미야말로 『작은 아씨들』에서 가장 비중 없는 인물이라 생각했기 때문이다. 내가 맏이기 때문에 막내를 이해하지 못해 그랬던 걸까. 에이미가 친척 아주머니의 도움으로 유럽에서 그림 공부를 하고, 로리와 결혼하고, 딸을 낳고, 그 딸에게 죽은 언니의 이름을 따 베스라는 이름을 붙이는 속편의 이야기도 읽었지만, 도무지 에이미가 친근하게 여겨지지 않았다.

Amy, though the youngest, was a most important person in her

own opinion at least. A regular snow maiden with blue eyes,
and yellow hair curling on her shoulders, pale and slender,
and always carrying herself like a young lady mindful of her
manners.

에이미는 막내였지만 적어도 자기 생각에는 자신이 가장 중요한 인물이었다. 러시아 민화 속 눈 아가씨처럼 푸른 눈에 어깨까지 물결치는 금발, 흰 피부와 가냘픈 몸매를 지녔으며, 항상 작은 숙녀처럼 교양 있게 행동하려 애썼다.

그렇지만 낸시 할머니는 에이미에게 많은 분량을 할애했다.

"Little Raphael," as her sisters called her, had a decided talent
for drawing and was never so happy as when copying flowers,
designing fairies, or illustrating stories with queer specimens of
art.

언니들이 붙여준 '작은 라파엘'이라는 별명처럼 에이미는 그림에 비상한 재능이 있었는데 꽃을 모사하거나 요정을 고안하거나, 이야기의 삽화를 기묘한 종류의 예술로 그릴 때만큼 행복해할 때가 없었다.

실제로도 그림을 잘 그렸던 에이미는 1868년 출간한 『작은 아씨들』로 큰 성공을 거둔 언니 루이자의 후원을 받아 유럽 유학을 간다. 파리에서 만난 남자와 결혼해 딸 루이자 메이(사랑하는 언니의 이름을 따서 이름 지었다)를 낳고 산욕으로 6주 만에 숨지면서 "우리 딸은 꼭 언니가 키우게 해달라"는 유언을 남긴다. 언제나 어머니가 되고 싶어했지만 평생 독신으로 살았던 언니의 원을 풀어주고 싶었던 것이다. 그리하여 에이미의 딸 리틀 루이자 메이는 돌 무렵 유럽에서 배를 타고 보모의 품에 안겨 미국에 도착한다.

낸시 할머니는 말했다.

"루이자의 일기에 따르면 배에서 내린 리틀 루이자 메이가 루이자의 품에 안기자마자 처음 한 말은 '엄마'였어요."

오차드하우스 내부는 사진 촬영이 금지되어 있는데 에이미가 그린 그림이 여기저기 걸려 있었다. 에이미는 어디에나 그림을 그렸다. 벽난로에도 문 위에도.

Raphael's face was found boldly executed on the underside of the moulding board, and Bacchus on the head of a beer barrel. A chanting cherub adorned the cover of the sugar bucket, and attempts to portray Romeo and Juliet supplied kindling for some time.

대담하게 그린 라파엘 대천사의 얼굴이 몰딩 아래에서 발견되었고, 맥주통 입구에는 바쿠스가 그려져 있었다. 노래하는 케루빔은 설탕통 뚜껑을 장식했고, 로미오와 줄리엣 초상화 습작은 종종 불쏘시개가 되기도 했다.

소설에서와 마찬가지로 자매는 지독히도 가난했지만 가난을 부끄러워하지 않았다. 가족의 정신적 기둥은 바로 자매의 어머니였다. 어머니의 부유한 친정은 처음에 딸에게 도움을 주었지만, 자매의 아버지는 그 돈을 몽땅 학교 짓는 데 써버렸다. 보다못한 친정부모가 "네 남편은 처자식을 굶기느냐?"라고 하자, 자기 남편이 모욕당했다는 데 분개한 어머니는 그 이후 친정에 한 푼도 요구하지 않았다고 한다. 『작은 아씨들』이 미국 페미니즘 문학의 한 갈래로 분류되기도 하는 건 작가의 어머니를 모델로 한 소설 속 네 자매의 어머니가 구현하는 강인한 여성상 덕도 클 것이다.

그 집 전체에서 가장 인상적인 공간은 아무래도 루이자의 방이었다. 애틀랜타 여행을 갔을 때 마거릿 미첼의 집필 공간에서 깊은 인상을 받았는데, 이번에도 루이자의 방에 있자니 그녀와 함께 숨 쉬고 있는 것 같은 느낌이 들었다. 아버지가 두 창문 사이의 기둥에 설치해준 선반 모양 책상에서 그녀는 하루 열네 시간씩 썼다. 속필이었다고 한다. 낸시 할머니는 "그녀에게는 가난이 글을 쓰도록 하는 가장 큰 자극제였다"고 말했다. 지혜의 상징 부엉이를 좋아하는 언니를 위해 에이미가 그려준 부엉이 그림이 곳곳에 있었다. 맞은편 에이미의 방도 기억에 남았는데 예술가다운 푸른 벽지와 벽 곳곳에 그려진 그림 덕이다.

사실 『작은 아씨들』은 어린 시절의 내가 열광한 책은 아니었다. 대개 J처럼 독서광이자 말괄량이 둘째딸인 친구들이 그 책을

두 창문 사이 기둥에 설치된 탁자에서 그는 『작은 아씨들』을 썼다.

루이자 메이 올컷의 침실에 놓인 트렁크. 자매들이 연극할 때 입었던 코스튬이 보관되어 있다. 트렁크 양옆 나무 벽 비어 있는 곳 어디에나 그림을 그렸던 에이미의 스케치가 남아 있다.

좋아하면서 조와 자신을 동일시하곤 했다. 남동생 하나를 둔 맏딸인 나는 네 딸 중 맏이 메그를 가장 좋아했는데 그렇다고 해서 예쁘고 여성스러운 메그에게 딱히 감정이입하지는 못했다. 그렇지만 이날 오처드하우스 투어는 충분히 감동적이었다. 간절히 꿈꾸는 자는 결국 그 꿈을 현실로 만든다는 생각이 들었기 때문이다.

루이자는 『작은 아씨들』에서 조의 입을 빌려 자신의 꿈을 말한다. 네 자매와 로리가 각자 자신의 '공중누각 castle in the air'에 무엇이 있는지에 대해 이야기하는 장면이다.

"Wouldn't I though? I'd have a stable full of Arabian seeds, rooms piled high with books, and I'd write out of a magic inkstand, so that my works should be as famous as Laurie's music. I want to do something splendid before I go into my castle- something heroic or wonderful that won't be forgotten after I'm dead. I don't know what, but I'm on the watch for it, and mean to astonish you all some day. I think I shall write books, and get rich and famous, that would suit me, so that is my favorite dream."

"그렇지 않겠어? 나는 아라비아산 종마로 가득찬 마구간에 책더미가 높이 들어찬 방들을 가질 거야. 그리고 마법의 잉크로 글을 써서 내 작품이 로리의 음악만큼 유명해지는 거야. 나는 내 성城 안으로 들어가기 전에 뭔가 빛나는 일을 하고 싶어— 내가

조지 피터 알렉산더 힐리, 「루이자 메이 올컷의 초상」, 1871년.

죽은 후에도 잊히지 않는 뭔가 영웅적이고 멋진 일. 그게 뭔지는 모르겠어. 그렇지만 찾는 중이야. 그리고 언젠가는 너희 모두를 놀라게 해줄 거야. 내 생각에 나는 책을 쓸 거고, 부자가 될 거고 유명해질 거야. 그게 나한테 딱 맞는 일일 것 같거든. 그게 내가 가장 좋아하는 꿈이야."

루이자는 꿈을 이뤘고 그녀의 꿈 덕에 에이미의 꿈도 일부 이루어졌다. 소설의 이 장면을 읽을 때마다 나는 괴테가 자서전 『시와 진실』에 쓴 이 문장을 떠올렸다. "우리의 소망이란 우리 속에 있는 능력의 예감이다."

"I have ever so many wishes, but the pet one is to be an artist, and go to Rome, and do fine pictures, and be the best artist in the whole world," was Amy's modest desire.
"내 소원은 정말 많아. 그렇지만 가장 소중한 꿈은 예술가가 돼서 로마에 가서 좋은 그림을 그리고, 전 세계에서 가장 훌륭한 예술가가 되는 거야." 이것이 에이미의 소박한 바람이었다.

The Great Gatsby

위대한 개츠비
F. 스콧 피츠제럴드(Francis Scott Fitzgerald, 1896~1940)

『위대한 개츠비』의 녹색 불빛을 찾아갔다가 반딧불을 보고 돌아왔다는 이야기를 들은 친구가 무라카미 하루키의 『상실의 시대』에 비슷한 장면이 있다고 알려주었다.

주인공 와타나베는 죽은 친구의 애인이었던 나오코와 엉겁결에 잠자리를 한 후 그녀에게서 아직은 만나고 싶지 않다는 편지를 받는다. 심란해하던 그는 어느 밤, 기숙사 옥상에 올라 친구가 여자한테 주면 좋을 거라며 준 반딧불 든 유리병 뚜껑을 열고 반딧불을 날려보낸다. 반딧불이 사라져버린 어둠 속에 홀로 남겨진 와타나베를 하루키는 이렇게 묘사했다. "나는 그러한 어둠 속에 몇 번이고 손을 뻗쳐보았다. 손가락에는 아무것도 닿는 것이 없었다. 그 조그마한 빛은 언제나 나의 손가락 조금 앞에 있었다."• 친구가 이메일로 보내준 이 구절을 읽으며 어둠 속의 개츠비가 데이지가 살고 있는 강 건너 부두의 녹색 불빛을 향해 손을 뻗는 장면을 떠올렸다.

와타나베는 『위대한 개츠비』를 최고의 소설로 꼽는다. 선배 나가사와는 『위대한 개츠비』를 읽고 있는 그에게 말한다. "『위대한 개츠비』를 세 번 읽는 작자라면 나와 친구가 될 수 있지." 『위대한 개츠비』를 직접 번역할 정도로 좋아하는 하루키는 아마 개츠비를 염두에 두고 와타나베가 어둠 속에 손을 뻗는 장면을 썼을 것이다. 그러나 여름날 밤, 개츠비의 저택에 반딧불이 맴돈다는 것까지 알고 있었을지는 모르겠다.

데이지는 순정과는 거리가 먼 부박한 여자지만, 그럼에도 개츠비의 위대하면서 지고지순한 사랑을 받는다. 누군가를 사랑한다는 건 그 상대가 아니라 결국은 반딧불처럼 점멸하다 곧 사라져버릴 제 마음속 이상을 사랑하는 것이 아닐까, 하고 세번째로 『위대한 개츠비』를 읽으면서 생각했다.

• 무라카미 하루키, 『상실의 시대』, 유유정 옮김, 문학사상사, 2000년.

5   개츠비의 고장, 뉴헤이븐, 샌즈포인트, 그레이트넥, 킹스포인트

뉴헤이븐New Haven이라는 지명을 들으면 항상 『위대한 개츠비』가 생각난다. 개츠비가 아니라 그 소설의 화자 닉 캐러웨이가 떠오르는데, 소설 앞머리에서 닉이 스스로를 '뉴헤이븐에 있는 학교', 즉 예일대학교를 1915년에 졸업했다고 밝히기 때문이다.

따라서 뉴헤이븐에 가보고 싶었던 이유의 8할은 『위대한 개츠비』였다. 기차를 타고 미 동부를 여행할 때면 소설 속에서 접하던 지명을 자주 만났는데, 나는 언젠가 날씨 좋은 날 펜스테이션이나 그랜드센트럴 터미널에서 기차를 타고 소설에 나오는 도시 중 아무곳이나 이름이 마음에 드는 역에서 내려 하루종일 배회하다 뉴욕으로 돌아오면 어떨까 생각해보곤 했다. 뉴헤이븐도 그중 하나였다.

마침내 뉴헤이븐에 갔다. 아침에 그랜드센트럴까지 걸어가 10시 2분 기차를 탔다. 11월 말 치고 따뜻한 날씨. 차창에 기대 잠이 들었는데 잠결에 안내방송에서 '뉴헤이븐' 어쩌고 하는 걸 듣고,

예일대학교 캠퍼스 풍경.

화들짝 깨어 "여기가 뉴헤이븐이냐"고 옆자리 사람에게 물었더니 그녀는 "아니다. 종착역이 뉴헤이븐이고, 나도 거기서 내린다. 걱정 마라"며 안심시켜주었다.

역사驛舍는 단정하고 깔끔했다. 크리스마스 캐럴, 그중에서도 「실버벨」이 흘러나와서 잠시 벌써 12월이라도 된 듯한 착각에 빠졌다. 예일대 교수로 있는 Y 선배가 역으로 마중나왔다. 내가 뉴욕에 온 이후 우리는 부쩍 자주 만났는데, 학부 때는 이야기를 나눠본 적도 거의 없었던 걸 생각하면 정말 인연이란 어떻게 흘러갈지 모르는 건가보다.

뉴헤이븐은 피자가 유명하다고 해서 피자집에 갔다. 화이트 클램white clam 피자가 유명하다고 했는데 추수감사절 특선으로 칠면조와 크랜베리, 매시드포테이토가 든 피자가 나와 있어 고민하다가 둘 다 시켰다. 점심을 먹고 학교 투어. 독일 만하임에 있는 선배의 친구가 뉴헤이븐에 와보고는 "여기가 만하임보다 더 유럽 같다"고 했다더니, 미술사학과 건물 옥상에 올라갔다가 패컬티 라운지에서 차를 마시고 있자니 중세 유럽에 와 있는 것 같은 착각이 들었다. 유럽에 가고 싶을 땐 멀리 갈 것 없이 기차 타고 고풍스러운 대학 캠퍼스가 있는 프린스턴이나 뉴헤이븐에 가는 것도 방법일 것 같다고 생각했다.

브랜다 즐라마니의 그림 「예일대의 첫 여성 박사 7인」이 걸린 도서관과 교정을 둘러보고 다음엔 미술관을 둘러봤다. 메트로폴리탄미술관이나 뉴욕현대미술관(MoMA) 같은 유명

빈센트 반 고흐, 「밤의 카페」, 캔버스에 유채, 72.4×92.1cm, 1888년.

예일대학교미술관에 소장된 반 고흐의 「밤의 카페」 세부.

예일대학교의 브리티시아트센터.

미술관도 좋지만, 대중에게 친숙하지 않은 대학 박물관을 둘러보는 것도 즐겁다. 많이 알려지지 않았지만 좋은 작품들이 꽤 많고 무엇보다도 한갓지게 그림을 볼 수 있기 때문이다.

반 고흐의「밤의 카페」를 본 게 특히 좋았다. 반 고흐 작품들을 많이 봤지만 이날처럼 주의깊게, 그리고 강한 인상을 받으며 본 적은 없었던 것 같다. 물감의 두께와 붓질의 방향에서 화가의 감정선이 느껴졌고 그 감정이 그대로 내게 전달되어오는 것 같았는데 왜 여러 번 보았던 MoMA 소장 반 고흐의「별이 빛나는 밤」앞에서는 그런 체험을 못한 걸까.

미술관에서 나와 브리티시아트센터로 향했다. 예일대의 영국 미술 컬렉션은 미국 최대라고 한다. 오바마 전 대통령이 좋아한다는 조지 프레더릭 와츠의「희망」을 비롯해 좋은 작품이 많았으나 여기는 사진촬영 금지. 관람을 끝내고 태국 식당에서 저녁을 먹고 6시 46분 기차를 타고 뉴욕으로 복귀했다.

기차는 어둠을 뚫고 달려가고, 마침내 책의 도움 없이도 뉴헤이븐이 어떤 곳인지 머릿속에 그려볼 수 있게 된 나는, 가만히 『위대한 개츠비』의 마지막 문장을 뒤적여보았다.

So we beat on, boats against the current, borne back ceaselessly into the past.
그리하여 우리는 조류를 거슬러가는 배처럼, 끊임없이 과거로 떠밀려 가면서도 앞으로 나아가는 것이다.

＊

 며칠 후에는 아침부터 펜스테이션에서 기차를 잡아타고 샌즈포인트 프리저브Sands Point Preserve에 다녀왔다. 롱아일랜드 레일로드LIRR 포트 워싱턴역에서 택시로 10분 정도 거리인 샌즈포인트 프리저브는 구겐하임 가문이 나소 카운티에 기증한 세 채의 저택이 있는 곳으로 『위대한 개츠비』에서 개츠비의 베아트리체인 데이지와 그 남편 톰 뷰캐넌이 사는 전통적인 부촌 '이스트에그'의 모델이 된 곳이다.

 신흥 부촌 '웨스트에그'의 개츠비가 밤마다 항구의 녹색 불빛을 바라보며 갈망했던 곳, 그 '이스트에그' 안에 이날 나는 있었다. 롱아일랜드의 북쪽 기슭의 '골드코스트', 곧 황금의 해안이라 불리는 이 지역의 대표적 명소 중 하나인 이곳에는 앞서 말한 것처럼 세 채의 저택이 있다. 캐슬 굴드, 햄스테드 하우스, 그리고 팔레즈다.

 아일랜드의 성을 본떠 만든 캐슬 굴드는 원래 1904년 철도 재벌 하워드 굴드가 지은 저택이다. 튜더양식의 방 40개짜리 저택 햄스테드 하우스는 영화 「여인의 향기」 「말콤 X」의 촬영지기도 한데, 1912년 굴드가 아내인 배우 캐서린 클레먼스에게 선물하려 지은 집이다. 이후 결혼이 파국으로 치닫자 굴드는 광산 재벌 구겐하임 가문의 둘째 아들 대니얼 구겐하임에게 이 저택들을 팔아버린다. 1923년 대니얼은 아들 해리에게 두번째 아내 캐럴라인 모턴과의 결혼 선물로 90에이커의 부지를 주고, 해리는 이곳에

캐슬 굴드.

햄스테드 하우스.

햄스테드 하우스 홀.

햄스테드 하우스 창밖 정원 풍경.

노르망디양식의 저택을 짓고선 '팔레즈Falaise'(프랑스어로 '절벽'을 뜻한다)라 이름 붙인다.

해리는 열정에 넘치는 사내였다. 그는 후버 대통령 때 쿠바 대사를 지냈고, 경마를 좋아해 말을 직접 길러 번식시켰다. 양차세계대전 때 해군으로 참전했고 비행기광으로 찰스 린드버그와 절친한 사이였다. 1930년 해리는 『시카고 트리뷴』 등을 소유한 신문 재벌가의 딸인 얼리셔 패터슨과 세번째 결혼을 하고 『뉴스데이』라는 신문을 창간하는데, 이는 구겐하임가의 재력을 등에 업고 미국에서 아홉번째로 판매부수가 많은 신문이 되었다고 한다.

구겐하임 가문은 뉴욕 맨해튼의 구겐하임미술관 덕에 대중에 이름을 널리 알렸다. 미술관 설립자인 솔로몬 구겐하임이 대니얼의 동생이자 해리의 작은아버지다. 해리의 또다른 작은아버지 벤저민 구겐하임은 타이타닉호 침몰 때 여자들과 아이들에게 구명보트를 양보하고 턱시도 차림으로 장엄하게 물속으로 가라앉았다. 이 벤저민 구겐하임의 딸이 베네치아에 페기구겐하임미술관을 지은 페기 구겐하임이니, 해리와 페기는 사촌간이다.

다시 샌즈포인트 프리저브 이야기로 돌아가자면 세 채의 저택 중 캐슬 굴드는 비지터센터로 쓰이고 햄스테드 하우스와 팔레즈는 가이드 투어를 통해서만 일반에 개방한다. 햄스테드 하우스는 결혼식장으로도 많이 쓰인다는데, 제2차세계대전 때인 1940년 대니얼의 아내 플로렌스가 가구를 다 팔아버린 후 유럽의 전쟁고아를 위한 공간으로 운영했기 때문에 텅 비어 휑한

팔레즈의 외관.

팔레즈 테라스에서 보이는 바다 풍경.

느낌이었다.

얼마 전 허드슨강 어귀 마을에 위치한 록펠러 가문의 저택을 다녀왔기 때문에 두 가문의 저택을 비교할 수 있었다. 양쪽 모두 호화로웠지만 둘 중 하나를 택하라면 구겐하임 저택보다는 모던한 록펠러 저택에서 살고 싶었다. 구겐하임 저택의 내부는 중세 고딕양식으로 꾸며져서 전체적으로 어두침침한 느낌에다 어쩐지 무거운 분위기가 흘러 유령이 나올 것만 같았다. 팔레즈에는 가구가 다 남아 있어서 햄스테드 하우스보다는 덜 썰렁하지만 역시나 좀 어둡고 무거운 느낌이었다. 1920년대는 미국 부호들이 유럽에서 공예품을 싹쓸이해오던 시기. 팔레즈 곳곳은 스페인에서 가져온 문짝, 지중해풍 타일이 붙은 벽난로 등 진귀한 것들로 꾸며져 있었다.

팔레즈의 손님방 중 한 곳에는 한쪽 벽에 푸생의 드로잉이, 또다른 벽에는 기를란다요의 드로잉이 걸려 있었다. 다이닝룸 벽에는 루카 델라 로비아의 조각이 걸려 있기도 했다. 웬만한 박물관 못지않은 집. 바다가 보이는 테라스의 테이블에서는 뉴욕 구겐하임미술관의 설계자 프랭크 로이드 라이트가 구겐하임미술관의 설계 방안을 이야기했고, 『뉴스 데이』 직원들이 찾아와 식사를 했다고 한다.

내 취향과는 거리가 먼 집이었지만, 내가 지금 서 있는 방과 층계참에서 해리 구겐하임 부부, 찰스 린드버그, 후버 대통령 같은 역사적 인물들이 대화하고 움직였을 거라는 상상을 하자 설레기 시작했다. 하우스 투어가 좋은 건 공간의 쓰임새와 꾸밈새를 보면서 거기에 살았던 사람들을 좀더 생생하게 느낄 수 있다는 데 있다. 그들이 살았던 집 안에 있노라면 공간의 힘 덕에 인물들의 실재감이 묵직해진다. 데이지도 이런 집에 살았겠지? 생각하는 순간 창밖 바다가 눈에 들어왔다.

창을 통해 바다 건너편 부두가 보였다. 이스트에그에 살았던 데이지는 개츠비의 순정을 누릴 만한 자격이 없는 부박한 영혼의 여자지만, 어쨌든 나는 개츠비와는 정반대의 장소에서 개츠비의 마음으로 아스라한 그리움을 느껴보기로 했다. 소설 속 개츠비가 살았던 동네인 킹스포인트는 사실 햄스테드 하우스나 팔레즈에서 바라보이는 시클리프Sea Cliff와는 반대편에 있었지만 어쨌든 만을 끼고 그 너머 부두를 바라본다는 것이 어떤 느낌인지를 짐작할 수 있었다.

Twenty miles from the city a pair of enormous eggs, identical on contour and separated only by a courtesy bay, jut out into the most domesticated body of salt water in the Western hemisphere, the great wet barnyard of Long Island Sound.
도시에서 20마일 떨어진 곳에 있는 거대한 '에그' 한 쌍은 윤곽은 똑같으면서 만에 의해서만 분리되어 있었는데 서반구에서 가장 길들여진 염수鹽水 지대인 롱아일랜드 해협의 거대한 습지 같은 바다로 튀어나와 있었다.

　저택 투어를 끝낸 후 곳곳에 조성된 트레일을 따라 좀 걷다가 택시를 불러 기차역으로 향했다. 맨해튼행 기차를 탔지만 중간의 그레이트넥Great Neck에서 충동적으로 내렸다. 개츠비가 살았던 웨스트에그가 그레이트넥 인근 지역을 배경으로 한 곳이고 역 근처에 F. 스콧 피츠제럴드가 1922년 10월부터 1924년 4월까지 아내 젤다와 함께 살면서 『위대한 개츠비』를 썼던 집이 있기 때문이다.

　한적하고 고요한 고급 주택가였다. 걷고 있는 것만으로도 마음이 평화로워졌다. 피츠제럴드의 집은 개인 주택이라 들어가볼 수 없었지만, 외관을 보는 것만으로도 그의 성정, 취향, 기질 등을 짐작할 수 있을 것 같았다. 쿠바와 키웨스트의 헤밍웨이 집을 방문했을 때는 강한 남성성이 느껴졌는데, 그와 달리 피츠제럴드의 집에서는 유행에 민감하고 세련된 것을 좋아하는 경쾌한 댄디 기질이 묻어났던 것이다.

　동네를 돌아보고 나오는데 차 한 대가 도로를 달려 눈앞을 스쳐갔다. 피츠제럴드 집의 차고 문이 열리더니 차가 그 안에 들어가 멈춰 섰다. 차에서 내린 부부가 홀푸즈(미국 유기농 슈퍼마켓) 쇼핑백을 들고 이야기를 나누며 집으로 들어가는 걸 보고 있자니 그 집이 박물관으로 보존되지 않았다는 것, 그래서 들어가볼 수 없다는 사실을 아쉬워하던 마음이 다소 누그러들었다. 과거를 품은 채로 박제되어 기억되기보다는, 새로운 피츠제럴드 부부를 끊임없이 맞아들이는 편이 집에게도 좋은 것이다. 그리하여 우리는 조류를 거스르는 배처럼, 과거로 끊임없이 떠밀려 가면서도 앞으로 나아가는 것이니까.

개츠비의 저택이 있었을 법한 킹스포인트까지 가서 밤이 오기를 기다려 건너편 샌즈포인트의 불빛을 보고 갈까 잠시 고민했다. 하지만 여름이라 해도 긴데다 몸도 피곤해서 그 욕심은 버리기로 했다. 피츠제럴드의 집이 있는 그 동네 식당에서 햄버거로 간단히 요기를 하고 다시 기차를 타고 맨해튼으로 돌아왔다. 어쨌든 내 마음속 녹색 불빛이 좀더 선명해졌으니 그걸로 충분하다고 여기면서.

I decided to call him. Miss Baker had mentioned him at dinner, and that would do for an introduction. But I didn't call to him, for he gave a sudden intimation that he was content to be alone— he stretched out his arms toward the dark water in a curious way, and, far as I was from him, I could have sworn he was trembling. Involuntarily I glanced seaward— and distinguished nothing except a single green light, minute and far away, that might have been the end of a dock. When I looked once more for Gatsby he had vanished, and I was alone again in the unquiet darkness.

나는 그를 부르기로 결심했다. 베이커 양이 그를 저녁자리에서

피츠제럴드가 살며 『위대한 개츠비』를 썼던 집.

언급했고, 그것이 그와 이야기할 계기가 되리라 생각했다. 그러나 나는 그를 부르지 않았다. 그가 갑작스레 혼자 있고 싶다는 기색을 보였기 때문이다— 그는 어두운 물을 향해 기묘하게 팔을 뻗었다. 멀리 떨어져 있었지만 나는 그가 떨고 있다고 확신할 수 있었다. 나도 모르게 바다 쪽을 흘깃 보았고 먼 곳에 아주 작은, 아마도 부두 끝자락에 있는 듯한 녹색 불빛 하나 말고는 어떤 것도 발견할 수 없었다. 내가 다시 개츠비를 보았을 때 그는 사라지고 없었다. 그리고 나는 다시 고요하지 않은 어둠 속에서 혼자가 되었다.

*

다음날 밤 9시 반, 나는 그레이트넥역에 앉아 뉴욕행 기차를 기다리고 있었다. 개츠비가 살았던 '웨스트에그'의 무대인 킹스포인트에 갔다가 돌아가는 길이었다. 전날에는 너무 지쳐서 피츠제럴드의 집을 보는 것으로 그쳤지만 아침에 눈을 뜨자 아무래도 킹스포인트에 가보고 싶다는 생각이 들었다.

저 너머 부두의 녹색 불빛을 바라보는 개츠비의 심정이 되어보기 위해 해질녘까지 있을 수 있도록 일부러 오후에 집을 나섰다. 펜스테이션에서 기차를 타고 다시 그레이트넥역에 도착한 게 5시가 좀 넘어서였다. 우버를 부를까 하다 버스를 기다렸다. 비용이 부담되기도 했고, 무엇보다 버스를 타고 동네를 돌아보고 싶었기 때문이다.

개츠비 레인 표지판.

20여 분 기다려서 버스를 탔다. 구글맵에는 분명히 킹스포인트의 킹스 로드 끝까지 간다고 되어 있었는데 기사는 내 목적지와 정반대쪽에서 마지막 정류장이라며 내리라고 했다. "킹스 로드 끝까지 가는 버스 아닌가요?" 했더니 기사는 같은 번호라도 노선이 여러 가지라 거기까지 가는 게 있고 가지 않는 것도 있다고 답했다. 하는 수 없이 모르는 동네에 일단 내렸다. 오기 전 인터넷에서 검색하다 본 전망 좋은 공원이 근처에 있었는데 동네 주민에게만 입장을 허가한다고 해서 일단 패스하기로 했다. 구글맵을 보니 개츠비가 살았던 것 같은 집이 모여 있다는 개츠비 레인까지는 걸어서 40분. 맨해튼이라면 기꺼이 걷겠지만 인도도 없는 이 차도에서는 아무래도 무리 같다.

우버를 부르려 했다. 스마트폰 인터넷이 잡히지 않는다. 설상가상으로 전화도 거의 터지지 않는다. 한국에서 가지고 온 선불폰은 중요한 순간에는 대개 말썽이었다. 걸어야 하나, 아니면 근처의 도로 안내원에게 도움을 청해야 하나 고민하던 중 마침 지나가는 택시가 있어서 세웠다.

택시기사에게 일단 개츠비 레인으로 가자고 한 후 『위대한 개츠비』에 대해 글을 쓰려는 기자인데, 킹스포인트에서 샌즈포인트를 볼 수 있는 해변으로 가려면 어떻게 해야 하느냐고 물었다. 그녀는 이 동네 해변은 모두 사유지라 허가 없이 들어갔다가는 집주인이 경찰을 부를 거라면서 으리으리한 저택 바로 옆의 공사장에 나를 내려주었다. 집터를 파놓은 공사장

흙더미에서 보이는 바다 풍경이 바로 옆 저택에서 보는 것과 똑같다면서.

공사장에 올라가 잠시 경치를 감상한 후 일단 동네를 산책했다. 호화 저택들로 가득한 동네를 둘러보면서 나는 전통 부촌 이스트에그의 일원이 될 수 없었던 졸부 개츠비의 심정을 조금은 이해할 것 같았다. 이날 내가 있었던 곳은 신흥 부촌 웨스트에그였지만 어쨌든 이들 저택 어느 곳에도 들어갈 수 없는 처지, 그러니까 어느 커뮤니티에도 받아들여지지 않는다는 점에서는 나나 개츠비나 다를 바 없었으니까.

I lived at West Egg, the-well, the less fashionable of the two, though this is a most superficial tag to express the bizarre and not a little sinister contrast between them. My house was at the very tip of the egg, only fifty yards from the Sound, and squeezed between two huge places that rented for twelve or fifteen thousand a season. The one my right was a colossal affair by any standard- it was a factual imitation of some Hôtel de Ville in Normandy, with a tower on one side, spanking new under a thin beard of raw ivy, and a marble swimming pool, and more than forty acres of lawn and garden. It was Gatsby's mansion. Or, rather, as I didn't know Mr. Gatsby, it was a mansion, inhabited by a gentleman of that name.

나는 웨스트에그에 살았다. 글쎄, 두 곳의 에그 중 덜 패셔너블한 곳이라고 하지만, 그런 표현은 두 에그 간의 기묘하면서도 어딘가 음산하기까지 한 대비를 설명하기엔 너무 피상적인 꼬리표일 뿐이다. 내 집은 에그의 가장 끝쪽에 있었는데, 해협에서 불과 50야드 떨어져 있었으며, 한 철에 1만 2000달러에서 1만 5000달러에 임대되는 거대한 두 저택 사이에 끼여 있었다. 내 오른쪽 집은 어떤 기준을 갖다 대더라도 거대한 규모였는데 노르망디의 어느 시청사를 진짜로 베낀 것으로 한쪽에는 담쟁이덩굴의 가느다란 수염 아래로 새로 지어진 탑이 있었고, 대리석 수영장이 있었으며, 40에이커 넘는 잔디밭과 정원도 있었다. 그건 개츠비의 저택이었다. 아니, 내가 개츠비 씨를 아직 몰랐던 때였으니, 그 이름의 신사가 사는 저택이었다.

저택촌을 구경하며 사진을 찍고 있자니 누군가 경찰에 나를 수상한 인물이라며 신고할까봐 걱정됐다. 하지만 다행히도 그런 일은 일어나지 않았다. 순례를 마치고 다시 공사장으로 기어올라갔다. 흙더미에 잡초가 무성한데 한가운데에 집을 짓겠다고 터를 파놓았다. 양옆이 호화 주택인 걸 보니 여기도 곧 저택이 들어서겠지. 나는 두 호화 주택 사이에 끼인 월세 80달러짜리 오두막에 사는 닉 캐러웨이라도 된 듯한 심정으로 공사장의 잡초 사이에 서 있었다.

벌써 7시였지만 7월의 해는 길었다. 이날의 일몰은 8시

내가 '개츠비의 집'이라 이름 붙인 저택.

30분이라는데 한 시간 반이라니 좀 길긴 했지만 해가 질 때까지 기다려보기로 했다. 호젓하고 아름다운 풍경이었다. 눈앞 바다 위에는 흰 돛을 한껏 펼친 요트들이 떠다녔다. 왼쪽 저택의 전용 부두가 길게 바다 위로 뻗어 있었다. 맨해셋만을 사이에 두고 저멀리 내가 전날 다녀온 샌즈포인트, 그러니까 개츠비의 마음속 별 데이지가 사는 이스트에그가 아스라이 보였다.

과연 저 만 너머에 녹색 불빛이 켜질 것인가.

의문을 가지고, 그러나 실제로 불빛이 켜지리라 믿지 않으면서, 그래도 기다리고 싶었기에 계속 거기에 서서 바다를 바라보았다.

7월의 해는 정말이지 길어서 해가 넘어갔는데도 붉고 푸른 햇빛의 잔영이 수평선에 걸려 있었다. 원피스 아래 맨다리를 벌레가 물기 시작했다. 다리가 슬슬 아파왔다. 하늘이 새카매지고 피츠제럴드의 표현대로 후춧가루를 뿌린 듯한 은빛 별들이 하늘에 총총해지는 때가 과연 올 것인가. 카메라를 들고 어둠을 기다리고 있자니 내가 이처럼 무작정 무언가를 기다리는 데 상당히 익숙한 사람이라는 자각이 들었다. 오래간만의 잠입 취재와 뻗치기…… 그렇다. 나는 기자였던 것이다.

완벽한 어둠은 보지 못했다. 일단 배가 고팠고, 칠흑처럼 어두워진다면 공사장을 도로 내려가다가 발을 헛디딜 수도 있겠다 싶었다. 그렇지만 상당히 어두워질 때까지 물결이 만들어내는 주름을 보며 그곳에 있었다. 멀리 만 너머에, 녹색은 아니지만 자그마한 불빛들이 하나둘 켜질 때까지. 나는 상상력을

공사장 잡초 사이에서 바라본 샌즈포인트.
과연 저 만 너머에 녹색 불빛이 켜질까?

발휘해보았다. 공사장 흙더미가 아니라 왼쪽 저택의 발코니에 서 있는 셈 치자. 그 발코니에서 개츠비가 그랬듯 검은 물 위로 손을 뻗고 있는 거다.

먼 곳의 불빛에 대한 노스탤지어로 마음에 성에처럼 애틋함이 낄 때 눈앞에서는 가까운 불빛들이 꼬리를 그리며 점멸하기 시작했다. 반딧불이었다. 『위대한 개츠비』의 배경이 여름날이라는 걸 나는 기억해냈다. 개츠비가 바라보았던 그 불빛도 어쩌면 반딧불 같은 것이 아니었을까 생각하면서, 녹색 불빛이란 실재하는 것이 아니라 개츠비 마음속 데이지에 대한 그리움의 응집체 같은 것이 아닐까, 그러니 일종의 이데아일지도 모르겠다, 뭐 그런 생각을 하면서 어둠을 더듬어 공사장을 내려와 전화로 택시를 불렀다.

내가 멋대로 '개츠비의 저택'이라 명명한 공사장 왼편 저택의 주소를 택시 회사에 알려주고 저택 출입구 앞에서 택시를 기다리는데 어느새 불을 밝힌 저택의 어느 방에서 지고지순해서 위대한 중년의 사내가 가지지 못한 여자에 대한 갈망으로 괴로워하고 있을 것만 같았다. 모기가 기승을 부려 팔다리를 물어뜯는데 방금 떠나온 공사장 부근에서는 반딧불이 다시 크리스마스트리의 꼬마전구처럼 깜빡거렸다. 어느새 내게 그리운 마음속 풍경이 되어버린 개츠비 저택의 풍경은 녹색 불빛 대신 붉은 반딧불로 기억되리라.

어둠 속에서 환히 전조등을 켜고 다가온 택시를 타고, 뉴욕행 기차를 타러 그레이트넥역으로 향했다.

밤의 그레이트넥역.

Gatsby believed in the green light, the orgastic future that year recedes before us. It eluded us then, but that's no matter-to-morrow we will run faster, stretch out our arms farther.... And one fine morning-
So we beat on, boats against the current, borne back ceaselessly into the past.
개츠비는 녹색 불빛을 믿었다. 해마다 우리 앞에서 멀어져가는 황홀한 미래를. 그건 그때도 우리를 비껴갔지만 그와 상관없이 내일 우리는 더 빨리 뛸 것이고 더 멀리 팔을 뻗을 것이다……
그리고 어느 화창한 날 아침—
그리하여 우리는 앞으로 나아간다. 조류를 거슬러가는 배처럼, 끊임없이 과거로 떠밀려 가면서도.

The Last Leaf

마지막 잎새
오 헨리(O. Henry, 1862~1910)

오 헨리를 생각하면 항상 고등학교 때 영어 선생님이 떠오른다. 오씨 성을 가진 분이었는데 딸 이름을 '헨리'라고 지었다고 했다. "오 헨리를 좋아하기 때문에." 그때의 나는 선생님을 이해하지 못했다. 이름을 따서 딸에게 주고 싶을 만큼 오 헨리가 훌륭한 작가라는 생각이 들지 않았기 때문이다. 톨스토이나 멜빌 정도라면 모를까.

아마 내가 초등학생이었던 1980년대 중후반, 오 헨리 단편이 동화 형식으로 많이 소개되어 있었기 때문에 '쉽고 뻔한 작가'라고 생각했던 것 같다. 「마지막 잎새」 또한 고백하자면 특별히 좋아하는 작품은 아니었다. 지독한 신파라고 생각했다. 아마 뉴욕에 살 기회가 없었다면, 그리고 맨해튼에 오 헨리가 「마지막 잎새」를 썼던, 그리고 배경으로 삼았던 집이 있다는 이야기를 듣지 않았다면, 이 작품을 다시 꺼내 읽을 일은 없었을 것 같다. 그렇지만 덕분에 마흔을 눈앞에 두고서 10대 때 만났던 수와 존시라는 두 여자와 재회하게 되었으니, 이 또한 1년간의 뉴욕 생활이 내게 준 수많은 선물 중 하나가 아닐까.

씩씩한 수와 가녀린 존시를 다시 만나는 동안 앤드루 와이어스Andrew Wyeth의 그림 「크리스티나의 세계Christina's World」(1948)를 떠올렸다. 그림의 배경이 수의 고향 메인주이기도 하고, 황량한 풀밭에 홀로 앉은 절름발이 크리스티나의 뒷모습에서 묻어나는 삶에 대한 의지가, 심약한 존시를 격려하는 수의 강인함과도 겹쳤기 때문이다. 맨해튼의 내 방에서 「마지막 잎새」를 다시 읽으면서 비로소 오 헨리가 훌륭한 작가라는 걸 인정했다. 많이 배우지 못했고, 갖은 직업을 전전했으며, 공금 횡령죄로 복역하기도 했던 이 사연 많은 사내는 생의 굴곡에서 체득한 휴머니즘을 작품에 짧고 쉽고 따스하게 녹여넣었다. 인간으로 태어났으니 목숨을 포기하지 말고 살아야만 한다는 것. 그 이상으로 위대한 휴머니즘이 어디 있겠는가.

6   고단한 예술가들의 도시, 뉴욕

오 헨리를 만나러 갈 때면 항상 비바람이 분다. 덥고 습한 여름날 오후, 흐린 하늘에서 빗방울이 후두둑 떨어지기 시작할 때 맨해튼 그리니치빌리지의 그로브코트Grove Court 앞에 카메라를 들고 서 있었다. 여길 처음 방문한 4월 어느 날에도 비바람이 불었다. '마지막 잎새'를 떨어뜨린 그 비바람처럼.

'사유지. 무단 침입 금지Private Court. No Trespassing.'

굳게 닫힌 철문에 이런 팻말이 붙어 있었다. 닫힌 문 안뜰에는 가지각색 꽃들이 피어 있었고 그 뒤로 흰 창문이 달린 단정한 3층짜리 적갈색 아파트가 자리했다. 이 동네에서 잡화점을 하던 상인 새뮤얼 콕스가 동네에 사람들이 많이 살면 잡화점 매출에 도움이 될까 하여 1848년부터 1852년 사이 지은 건물이다. 창문을 둘러싼 녹색 담쟁이덩굴이 창문의 흰색을 더욱 산뜻하게 도드라지도록 했다. 철문 양옆으로는 또다른 건물의 붉은 벽이 서 있는데 이 벽에도 푸른 담쟁이덩굴이 무성했다. 오 헨리는

오 헨리는 이 건물 3층에서
「마지막 잎새」를 썼다.

그로브코트에 살던 1907년 이곳을 배경으로 「마지막 잎새」를 썼다.

철문 밖에서 사진을 찍으며 안뜰을 들여다보고 있는데 개를 산책시키고 온 중년 남성이 집으로 들어가려고 철문을 열었다. 열심히 사진을 찍고 있는 나를 보더니 "들어와서 사진 찍으세요"라고 한다.

"뜰 안으로 들어가서 둘러봐도 되나요?" 하고 반색하며 물었다가 단번에 거절당했다.

"둘러보는 건 안 돼요. 여기 입구에서 사진만 찍으세요."

그는 내가 나가면 즉시 문을 닫아버리고 말겠다는 듯 한 손으로는 문을, 다른 한 손으로는 개의 목줄을 잡고 철문 입구에 서 있었다. 한 발이라도 그 안뜰에 내디뎠다는 사실이 못내 기뻐서 그의 마음이 변하기 전에 일단 사진을 찍으며 질문을 시작했다.

"이 건물에 오 헨리가 살았다는 걸 아세요?"

담쟁이덩굴이 붉은 벽을 뒤덮은 철문 바로 오른쪽 건물을 가리키며 내가 말하자 그는 고개를 내저으며 흰 창문 달린 정면의 아파트를 가리켰다.

"오 헨리가 살았던 건 이 집이 아니라 저 집이라오. 저기서 「마지막 잎새」를 썼지요."

나는 살짝 당황해 다시 물어보았다.

"아, 저 집이군요. 저는 이 집인 줄 알았어요. 그러면 저 집이 그로브코트인가요?"

"그렇습니다."

"오 헨리가 몇 층에 살았는지 혹시 아세요?"

"3층에 살았지요."

그는 자신이 바로 오 헨리가 살았던 그 집에 살고 있다고 했다. 3층의 수많은 창문 중 어느 창이 병든 처녀가 '마지막 잎새'를 내다보던 창인지 알 수 없어서 다시 한번 물어보았다.

"저 방들 중 오 헨리가 살았던 방은 어떤 방인가요? '마지막 잎새'를 보았던 창문은 어느 창인지가 궁금한데요."

12년 전 이 집으로 이사왔다는 그는 말했다.

"3층에는 방이 하나밖에 없지요. 그 방은 지금 우리 아들아이 옷방으로 개조되었어요. 그리고 저 건물 창문들은 모두 마당 쪽을 향해 나 있어요."

혹시나 방을 둘러볼 수 있냐고 물어보고 싶은 걸 꾹 참고 또 한번 물었다.

"그러면 「마지막 잎새」의 그 담쟁이는 어떤 건가요?"

그는 건물 왼쪽을 가리키며 말했다.

"저 나무일 거예요. 그로브 스트리트 12번지의 담쟁이라고 우리는 생각하고 있어요."

이번에는 질문을 퍼붓는 내게 그가 물었다.

"그런데 당신은 오 헨리를 어떻게 아는 거죠? 미국에서는 요즘 오 헨리를 거의 읽지 않는데."

"저는 한국에서 왔는데, 한국에서는 많이들 읽는답니다."

이렇게 말해놓고 보니 문득 내가 꽤 나이가 많이 들었다는 사실이 생각났다. 내 청소년기에 오 헨리는 필독서였지만 과연 요즘 한국 청소년들도 오 헨리를 읽는지는 자신이 없었다. 그래서 덧붙였다.

"저는 기자인데, 오 헨리에 대한 글을 쓰고 있어요. 그래서 여기에 와보았지요. 저는 오 헨리를 좋아해요. 「마지막 잎새」도 좋아하고 그 선물……."

한국에서는 흔히들 '크리스마스 선물'이라고 번역하는 오 헨리 단편 「The Gift of the Magi(동방박사의 선물)」 중 'Magi(동방박사)'의 정확한 발음을 몰라 'The Gift of'까지만 말하고 말끝을 흐리자 그가 받았다.

"더 기프트 오브 더 메이자이"

"네 맞아요. 그 작품. 아저씨는 오 헨리 작품 읽으세요?"

"예전에 아이들에게 읽어주곤 했지요."

그는 "오 헨리는 「마지막 잎새」를 쓴 후 이 집을 곧 떠났다고 해요"라고 말해주었다. 꽤 많은 이야기를 나누고 작별인사를 하려는데 그가 말했다.

"이스트빌리지 쪽에 오 헨리가 자주 가던 바가 있어요. 이름이 뭐더라……."

내가 이미 그곳에 들렀다 왔다고 했더니 그는 만족한 듯한 미소를 지었다. 통성명을 하고 악수를 나눈 후 우리는 헤어졌다. 그는 철문 안으로 들어가고 나는 철문 밖으로 나왔다. 그리고 문이 닫혔. 그의 이름은 브라이언이었다.

※

그로브코트에 가기 전 이스트빌리지의 '피츠 태번Pete's Tavern'에 들렀다. 바와 레스토랑을 겸한 집으로, 거리로 난 차양에는 '오 헨리 덕에 유명해진 집'이라고 적혀 있었다.

1864년 문을 열었다는데 유구한 역사와 달리 내부는 평범했다. 앤 해서웨이, 조니 뎁 등 이 식당을 방문한 유명 인사들의 사진이 곳곳에 걸려 있었다. 인터넷에서 검색하다 본 어느 블로그에 이 집의 오 헨리 버거가 맛있다기에 먹어보고 싶었으나 메뉴에는 없었다. 주문을 받으러 온 웨이터에게 물어봤더니 그는 "예전에는 있었는데 지금은 메뉴가 바뀌었답니다"라고 대답했다.

내가 실망한 기색을 보이자 그는 말했다.

"어차피 우리 메뉴 중 속재료를 고를 수 있는 버거가 있으니까 오 헨리 버거와 똑같이 만들어드릴 수 있어요."

반색을 하며 내가 답했다.

"그럼 그렇게 해주시겠어요? 뭐가 들어가죠?"

"오래돼서 기억은 잘 안 나는데 어디 보자…… 후추 뿌린 치즈랑 소금 간한 버섯, 그리고 소금 간한 양파가 들어갔어요."

"그럼 그렇게 해주세요."

"햄버거 패티는 어느 정도로 익혀드릴까요?"

"미디엄이요."

버거를 주문한 후 위키피디아를 뒤지며 오 헨리에 대해 자세히

오 헨리가 즐겨 찾은 피츠 태번.

피츠 태번 내부.

알아보았다.

본명은 윌리엄 시드니 포터William Sydney Porter. 오 헨리는 필명이다. 노스캐롤라이나주 그린즈버러 출신으로 의사 아버지와 문학적 소양이 풍부한 어머니 밑에서 태어났다. 세 살 때 어머니를 폐렴으로 잃고 할머니와 숙모의 손에 컸다. 숙부의 약국에서 일을 도왔으며 이후 텍사스주로 가서 갖은 직업을 전전하며 작가로서의 커리어를 시작한다. 텍사스에서 여덟 살 연하의 17세 소녀 아돌과 첫 결혼을 한 그는 친구의 추천으로 은행에서 일하게 되는데 부주의하게 일한 탓에 횡령으로 고소당한다. 수배령이 내려지자 뉴올리언스와 온두라스로 피신하지만 아내가 병이 들었다는 소식을 듣고 텍사스로 돌아왔다가 체포당해 법정에 선다. 장인이 보석금을 내준 덕에 그는 아내와 딸 곁에 머무를 수 있었지만 아내가 폐렴으로 죽자 적극적으로 변호할 의지를 잃고 5년 형을 선고받는다. 약사 자격증이 있었던 덕에 감옥 내 병원 약사로 일하면서 여러 가지 필명으로 열네 편의 단편을 발표하는데 오 헨리도 그 필명 중 하나였다. 모범수였던 덕에 감형받아 3년 만에 출소한 그는 1902년 뉴욕으로 온다.

소설가로서 전성기를 누린 건 뉴욕으로 온 이후였다. 그는 381편의 단편을 썼는데, 매주 『뉴욕 선데이 월드』에 기고했다고 한다. 1907년 어린 시절 첫사랑인 소설가 세라 린지 콜먼Sarah Lindsay Coleman과 재혼하지만 알코올중독으로 일에 집중하지 못하자 실망한 아내는 1909년 그를 떠난다. 이듬해인 1910년, 오 헨리는 세상을 떠난다. 간경변, 당뇨 합병증, 심장비대 등이 원인이었다.

  이런 이야기들을 읽고 있는데 마침내 주문한 버거가 나왔다. 양은 많았지만 기대만큼 맛있지는 않았다.

*

In a little district west of Washington Square the streets have run crazy and broken themselves into small strips called "places." These "places" make strange angles and curves. One street crosses itself a time or two.
위싱턴스퀘어 서쪽의 자그마한 구역에서는 거리들이 제멋대로 뻗어나가다 제풀에 지쳐 쪼개지면서 '플레이스'라 불리는 작은 길들로 나뉘어 있다. 이 '플레이스'들은 기이한 각도와 곡선을 이루고 있는데 어떤 거리는 한두 번쯤 제 스스로와 교차하기도 한다.

  집으로 돌아와 킨들을 켜고 「마지막 잎새」를 다시 읽어보았다. 첫 문단을 읽기 시작하자 반가움 섞인 흥분으로 가슴이 뛰기 시작했다. 그가 설명하고 있는 워싱턴스퀘어 서쪽 동네가 이날 다녀온 그리니치빌리지라는 걸 단번에 알 수 있었다. 바둑판 모양으로 구획된 맨해튼에서 드물게 맥두걸 스트리트니, 베드포드 스트리트니, 그로브 스트리트니 하는 꼬불꼬불한 길들이 미로처럼

그리니치빌리지의 상징인 워싱턴 스퀘어 파크.

그리니치빌리지의 거리.

그리니치빌리지를 따라 걷다보면 세인트루크 성공회성당의 아름다운 정원을 만날 수 있다.

얽혀 있는 동네. 학교(뉴욕대학교)가 있는 동네라 셀 수도 없이 지나다녔고 오래되고 분위기 있는 건물들이 좋아서 뉴욕에서 가장 사랑하게 된 동네. 그 동네를 오 헨리가 묘사하고 있다는 사실이 기뻤다. 오 헨리가 뉴욕에서 활동했다는 사실을 뉴욕에 살게 되면서야 알았는데, 그리니치빌리지를 걸을 때면 그가 걸었던 거리를 걷고 있다는 생각에 설레기도 했다.

At the top of a squatty, three-story brick Sue and Johnsy had their studio. "Johnsy" was familiar for Joanna. One was from Maine ; the other from California. They had met at the table d'hôte of an Eighth Street "Delmonico's," and found their tastes in art, chicory salad and bishop sleeves so congenial that the joint studio resulted.
나지막한 3층 벽돌집 꼭대기에 수와 존시는 작업실을 갖고 있었다. '존시'는 조애너의 애칭이었다. 수는 메인주 출신이고 존시는 캘리포니아 출신이었다. 이들은 8번가 '델모니코스'의 식사 자리에서 만나 예술, 치커리 샐러드, 비숍 슬리브에 대한 취향이 일치한다는 걸 깨닫고 공동 작업실을 쓰기로 결심했다.

수와 존시의 작업실이 있는 그 나지막한 3층짜리 벽돌집이 바로 그날 다녀온 그로브코트의 3층짜리 건물이었다. 소설에서는 집세가 싸서 가난한 예술가들이 많이 모여드는 동네라고 묘사되어 있지만 요즘은 맨해튼에서 가장 힙한 동네 중 하나. 부동산 사이트를 검색해보니 그로브코트의 오 헨리가 살았던 아파트는 방 두 개에 욕실 하나짜리 집 월세가 5,200달러였다. 어쨌든 방금 그 벽돌집을 보고 왔다는 사실에 또다시 흥분하면서 나는 계속 소설을 읽어내려갔다. 11월, 뉴욕의 매서운 겨울이 찾아오고 폐렴이라는 무자비한 불청객이 따뜻한 캘리포니아 출신인 존시를 가격해 병석에 눕히는 장면까지. 침대에 누운 존시는 매일같이 창밖만 바라보고 왕진 온 의사가 존시에게는 살려고 하는 의지가 필요하다고 수에게 귀띔하는 장면까지. 그리고 계속해서 읽었다.

"Six," said Johnsy, in almost a whisper. "They're falling faster now. Three days ago there were almost a hundred. It made my head ache to count them. But now It's easy. There goes another one. There are only five left now."
"Five what, dear? Tell your Sudie."
"Leaves. On the ivy vine. When the last one falls I must go, too. I've known that for three days. Didn't the doctor tell you?"
"여섯". 존시가 거의 속삭이듯 말했다. "이제는 더 빨리 떨어지네. 사흘 전만 해도 거의 백 개가 있었는데. 수를 세느라 머리가 아플 정도였지. 그렇지만 이젠 쉬워. 또하나가 떨어지네. 이제 다섯 개 남았어."
"다섯 개라니, 뭐? 너의 수디에게 이야기해보렴."

"이파리 말이야. 담쟁이덩굴. 마지막 잎새가 떨어질 때 나도 가는 거야. 사흘 전부터 나는 알고 있었어. 의사가 말하지 않던?"

「마지막 잎새」를 처음 읽었던 어린 시절, 내 기억 속의 존시는 창백하고 가녀리고 아리따운 소녀로, 보호본능을 불러일으켜 부럽기까지 한 존재였다. 그러나 마흔을 코앞에 두고 다시 만난 존시는 조금 피곤하게 느껴졌다. 그 시대의 폐렴이 지금에 비해 치사율이 높은 무서운 병이라는 사실을 감안하더라도, 삶에 대한 비관적인 태도와 어리광이 지나치게 느껴졌다. 그렇지만 참을성 있게 언니처럼 존시를 돌본 수는 베어먼 할아버지에게 존시에 대한 고민을 털어놓는다.

Old Behrman was a painter who lived on the ground floor beneath them. He was past sixty and had a Michael Angelo's Moses beard curling down from the head of a satyr along the body of an imp. Beherman was a failure in art. Forty years he had wielded the brush without getting near enough to touch the hem of his Mistress's robe. He had been always about to paint a masterpiece, but had never begun it.
베어먼 할아버지는 수와 존시의 작업실 1층에 사는 화가였다. 그는 예순이 넘었는데, 미켈란젤로가 그린 모세 같은 턱수염이 사티로스와 닮은 머리에서 도깨비 같은 몸을 따라 구불구불하게 늘어져 있었다. 베어먼은 실패한 예술가였다. 40년째 붓을 들고 있었지만 예술의 여신의 옷자락도 스치지 못했다. 언제나 걸작을 그릴 거라고 했지만 시작조차 해본 일이 없었다.

　베어먼이 실패한 화가였다는 걸 어린 날의 나는 알지 못했다. 소녀 시절 읽었던 「마지막 잎새」에는 그 내용이 빠져 있었던 건지, 실패라는 걸 거의 겪어본 적이 없던 때라 그 구절이 와닿지 않았던 건지 모르겠다. 이제는 안다. 업으로 삼은 일이 잘 풀리지 않는 인생이 세상에 수도 없이 많다는 걸. 그런 실패가 주는 절망까지도 어느 정도는 짐작할 수 있다. 실패자 베어먼은 그러나 비바람이 몹시 불던 날 밤 손전등을 들고 담장에 기댄 사다리 위에 올라가 최초이자 최후의 역작을 남긴다. 우리가 익히 알고 있는 그 '마지막 잎새'다.
　거센 비바람에도 떨어지지 않고 꿋꿋이 가지에 매달린 채 버티고 있는 마지막 잎새를 본 존시는 삶의 의지를 되찾고 점차 회복한다. 의사가 존시가 위험한 고비를 완전히 넘기고 회복세에 접어들었다고 진단한 날 오후, 수는 존시에게 "베어먼 할아버지가 폐렴으로 이틀간 앓다가 오늘 돌아가셨다"고 말한다. 건물 관리인이 방에서 그를 발견했을 때 그는 밤새 비바람을 맞아 신발과 옷이 젖은 채 돌이킬 수 없을 정도로 앓고 있었다고. 그리고 곧 불 켜진 손전등과 사다리, 헝클어진 붓과 녹색과 노랑 물감이 섞인 팔레트가 발견되었다고. 삶의 역설이란 어쩌면 이렇게 잔인한가, 생각하면서 눈물을 참지 못한 채 소설의 마지막 부분을 읽어내려갔다.

"Look out the window, dear, at the last ivy leaf on the wall. Didn't you wonder why it never fluttered or moved when the wind blew? Ah, darling, it's Behrman's masterpiece- he painted it there the night that the last leaf fell."

"얘, 창밖을 내다보렴. 담장의 마지막 잎새를 봐봐. 바람이 불어도 저 잎이 조금도 떨리거나 움직이지 않는 게 이상하지 않니? 오, 존시, 저건 베어먼 할아버지의 역작이야— 마지막 잎새가 떨어진 날 밤에 그가 저걸 저기에 그렸단다."

Part 2.

바람과 함께, 스칼렛

Gone With the Wind

1

바람과 함께 사라지다
마거릿 미첼(Margaret Mitchell, 1900~1949)

"아람이가 『바람과 함께 사라지다』를 테마로 미국 남부 여행을 다녀왔대."
재미 교포와 결혼해 로스앤젤레스에 사는 친구가 남편에게 말했더니 그의 반응은 이랬다고 한다.
"뭐? 그런 투어가 세상에 있을 리가 없는데?"
여행 이야기를 들은 대부분의 사람이 신기해하면서 재미있어하는 걸 보면 '바람과 함께 사라지다 투어'라는 것이 특이하기는 한가보다. 사람들은 또 이렇게 말했다.
"그러니까…… 영화 촬영지를 다녀오신 거죠? 영화 세트가 아직도 남아 있나봐요?"
나는 『바람과 함께 사라지다』가 원래 마거릿 미첼이 1936년에 쓴 소설이며, 우리가 알고 있는 비비언 리와 클라크 게이블 주연 영화는 1939년 이 소설을 바탕으로 만들어졌다는 설명을 수차례 반복해야만 했다. 『빨강 머리 앤』의 배경인 프린스에드워드 아일랜드에 다녀왔다고 하면 "아, 어릴 때 텔레비전에서 틀어주는 만화 봤어요" 하는 사람들의 반응을 접할 때와 마찬가지로 영상 시대에 책이라는 것이 참으로 무력하다는 사실에 서글픔을 느끼면서.(186쪽에서 계속)

7 강인한 여성을 키운 남쪽 땅, 애틀랜타, 찰스턴, 존즈버러

Atlanta had always interested her more than any
other town because when she was a child Gerald had told her
that she and Atlanta were exactly the same age.
애틀랜타는 언제나 그 어떤 도시보다도 더 그녀를 매혹시켰다.
왜냐하면 그녀가 어릴 때 제럴드가 애틀랜타와 그녀가 동갑이라는
이야기를 들려주었기 때문이다.

12월의 어느 날 밤 맨해튼의 내 방 침대에서 스탠드 불빛에 의지해 『바람과 함께 사라지다』의 이 구절을 읽었다. 그리고 이틀 후 낮, 뉴욕 라과디아공항에서 애틀랜타행 비행기를 기다리며 킨들을 켜고 『바람과 함께 사라지다』를 계속 읽었다. 짝사랑했던 애슐리의 결혼 소식에 충격받고 홧김에 애슐리의 처남 찰스와 결혼했다가 전쟁 과부가 된 주인공 스칼렛이 애슐리와의 추억으로 뒤덮인 타라를 떠나 죽은 남편의 고모인 애틀랜타의 피티팻 아주머니 집으로 가는 여정. 그리고 그 애틀랜타에서 상복을 입은 채 자선

바자회를 겸한 무도회에 참석해 위험하면서 매력적인 사내 레트 버틀러와 춤을 추기 직전까지의 이야기를.

『바람과 함께 사라지다』의 무대인 애틀랜타가 있는 미국 남부에 오래전부터 꼭 한번 가보고 싶었다. 미국 연수를 오면서 가보리라 결심했던 여행지 중 다섯 손가락 안에 꼽히는 곳이기도 했다.

나는 스칼렛을 좋아했다. 내가 읽은 어떤 소설의 여주인공보다 당차고 적극적이라 좋았다. 그는 착하지 않았고 순종적이지 않았고 규범에 얽매이지 않았으며, 무엇보다도 남자에 의존하지 않았다. 소설이 그녀의 세번째 남편이자 가장 사랑했던 남자 레트 버틀러와 '그리하여 그들은 행복하게 살았습니다'가 아니라 레트가 떠나는 것으로 끝나는 점도 좋았다. 스칼렛은 뭐랄까, 여자라는 이유로 이 사회가 덧씌우는 갖가지 규범 때문에 숨 막힐 때의 롤모델 같은 여성이었다. 물론 그와 나 사이에는 커다란 간극이 있었다. 나는 그만큼 매력적이지 않았다.

'팬심'이 발휘된 오타쿠 같은 여행에 동행자가 있으리라 생각하지 않았다. 그런데 나와 비슷한 시기에 1년간 LA에 체류하게 된 언론계 친구 J가 내 여행 계획을 듣더니 같이 가겠다고 했다. 응? 뉴욕도 아니고 시카고도 아니고 알래스카도 아닌데, 동행하겠다는 거야? 소심한 나와는 달리 프로 '셀프 트래블러'인 그가 세부 일정을 짜고 숙소 및 렌터카 예약을 다 해버리는 바람에 예상보다 훨씬 수월한 여행이 되었다.

2016년 12월 9일 애틀랜타 하츠필드 잭슨 국제공항에서 J와 나는 약 5개월 만에 상봉했다. 광화문과 서대문 일대를 누비던 우리가 애틀랜타에서 만나다니! 정말이지 사람 일은 알 수 없는 거라고 생각했다.

『바람과 함께 사라지다』에서 애틀랜타는 구습舊習에 연연하지 않는 스칼렛과 동의어다. 공업 중심의 이 젊은 도시는 찰스턴이나 서배너 같은 남부의 오래된 도시와 달리 진보적이며 활기찼다. 내가 킨들로 읽은 버전의 『바람과 함께 사라지다』에 서문을 쓴 작가 팻 콘로이는 "남북전쟁 이후의 남부에 필요한 건 멜라니와 애슐리로 대표되는 구시대의 질서가 아니라 스칼렛과 레트 같은 건강하고 활기차고 역동적인 정신이었다"고 말한다. 소설에서 스칼렛은 공부에는 관심이 없지만 이재에 밝고 에너지가 넘치는 여자로, 스칼렛의 연적戀敵이자 시누이기도 한 멜라니는 정숙하고 문학과 예술을 사랑하는 교양 있는 여성으로 그려진다. 사실 애틀랜타의 나이는 스칼렛보다 아홉 살 위인데, 그 도시가 여러 이름을 거쳐 달리기 잘하는 그리스신화 속 여신 아탈란타Atalanta의 이름을 따 '애틀랜타'로 명명된 해에 스칼렛이 세례를 받았던 것. 제럴드가 딸 스칼렛에게 "너와 애틀랜타는 동갑이다"라고 이야기한 것은 이런 연유에서다.

여행 첫날 공항에서 지하철을 타고 애틀랜타 미드타운역에서 내리자 '피치트리 플레이스Peachtree Place'라는 푯말이 보였다. 소설 속에서 피티팻 아주머니의 저택이 위치한 바로 그 피치트리 스트리트. 우리가 묵은 호텔 위치가 바로 그곳이라 절묘하다

애틀랜타 미드타운역에 내리자마자 보인
'피치트리 플레이스' 푯말.

생각했다. 여장을 풀고 우버를 불러 저녁을 먹으러 나갔다. 「바람과 함께 사라지다」 영화 속 장면들로 장식된 식당 이름은 '피티팻의 포치PittyPat's Porch'였다. 금지옥엽으로 자라 심약한 독신 여성 피티팻 아주머니가 요리를 잘할 것 같지 않지만, 어쨌든 우리의 '바람과 함께 사라지다' 투어 첫날 저녁을 먹기에는 적격인 식당이었다. '멜라니의 레모네이드' '스칼렛의 열정' 칵테일 등 소설 속 인물 이름을 붙인 메뉴를 구경한 후 매시드포테이토와 그레이비소스를 곁들인 '피티팻 아주머니의 프라이드치킨'과 매콤한 소시지, 소고기, 채소를 넣고 끓인 검보를 비롯한 전형적인 남부 요리로 저녁을 먹고 수다를 떨다 잠이 들었다.

*

둘째 날 아침에 호텔 바로 옆의 '마거릿 미첼 하우스Margaret Mitchell House'에 갔다. 1925년 두번째 남편 존 마시와 결혼한 마거릿 미첼이 신혼생활을 시작해 1932년까지 살았던 집으로 『바람과 함께 사라지다』의 90퍼센트 이상이 그 집에서 쓰였다고 한다. 집은 지금 미첼 기념관으로 사용되고 있다.

극적인 일들의 연속인 인생이었다. 애틀랜타 출신인 미첼은 변호사의 딸로 유복하게 자라 명문 여대인 스미스칼리지에 진학한다. 그 와중에 장교였던 약혼자가 참전중 프랑스에서 죽고 그후 6개월 만에 어머니마저 병으로 잃는다. 그녀는 대학을

마거릿 미첼 하우스 전경.
이 집 거실 창가에서 미첼은
『바람과 함께 사라지다』를 썼다.

중퇴하고 아버지를 돌보기 위해 애틀랜타로 돌아와 애틀랜타 신문사의 주말판 신문기자로 취직한다. 빨강 머리 때문에 '레드 업쇼'라는 별명으로 더 잘 알려진 사업가 베리언 업쇼와 결혼하지만 그 결혼은 업쇼의 알코올중독과 폭력 성향 때문에 넉 달 만에 파토난다. 이후 미첼은 동료 기자이자 자신의 첫 결혼에서 신랑 들러리를 섰던 존 마시와 재혼하는데, 몇 달 후 택시에 치여 발목을 크게 다치자 의사가 집에 가만히 있지 않으면 영원히 걷지 못할 수도 있다고 경고하는 바람에 직장을 그만둔다. 집에 틀어박혀 닥치는 대로 남편이 도서관에서 빌려다준 책을 읽던 그녀에게 어느 날 남편은 말한다. "이제 당신의 책을 써봐." 뭘 쓰냐고 묻는 미첼에게 남편이 답한다. "남부에 대해."

애틀랜타에서 나고 자란 미첼은 어릴 때부터 남북전쟁 이야기를 듣고 자랐다. 그 이야기를 바탕으로 강인한 여주인공 '팬시 오하라 Pancy Ohara'가 탄생했다. 미첼은 소설을 몰래 썼다. 거실에 앉아 글을 쓰다가 누군가 집에 찾아오면 재빨리 타자기를 수건으로 덮었다. 당시 책을 쓴다는 건 남자들의 일로 여겨져서 숙녀가 할 법한 일이 아니었기 때문이다. 전쟁 후 '숙녀의 일'로 여겨지지 않았던 목재 사업에 직접 뛰어든 스칼렛의 모습은 역시나 '숙녀의 일'이 아니었던 책 쓰기에 몰두한 미첼의 모습과 겹친다. 이는 '남자들의 일'로 불렸고 세상이 바뀐 지금도 여자들이 할 법한 얌전한 일은 아니라고 여겨지는 직종에 종사하고 있는 나 자신의 이야기이기도 하다.

미첼과 베리언 업쇼의 결혼식 사진. 훗날 미첼은 업쇼와 이혼하고 신랑 들러리를 섰던 존 마시와 재혼한다. 사진 속 왼쪽에서 두번째 남자가 존 마시다.

신문사에서 일하던 당시 미첼이 쓰던 책상. 미첼의 작은 키에 맞춰 책상 다리를 잘랐다고 한다. 그 위에는 조지아 공과대학 학생들을 인터뷰중인 미첼의 사진 액자가 걸려 있다.

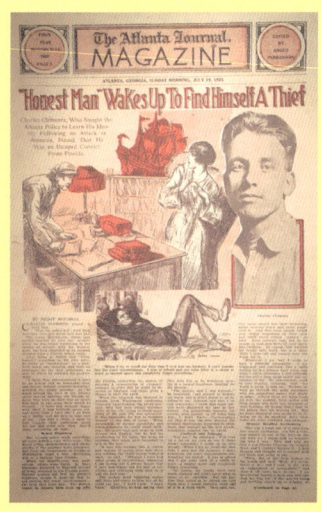

『애틀랜타 저널』 주말판에 미첼이 '페기Peggy 미첼'이라는 필명으로 기고한 기사(왼쪽)와 미첼이 어린 시절 쓴 이야기들(오른쪽).

마거릿 미첼 하우스 내부의 방 모습. 가구들은 미첼이 사용했던 것은 아니지만, 당시의 것들을 구입해 배치했다.

뉴욕에서 애틀랜타를 찾은 눈 밝은 편집자가 그녀의 원고 80여 쪽을 읽은 후 출판을 제안한다. 그녀는 망설이며 계약했다가 번복하길 거듭하지만 결국 주인공 이름을 팬시에서 스칼렛으로 바꿔 출간한다. 책은 1936년 출간 6개월 만에 밀리언셀러가 된다. 대공황의 와중에 사람들이 당시 한 끼 식사를 할 수 있는 3달러를 책값에 서슴없이 지불했다는 건 놀라운 일이었다고, 미첼 하우스의 투어 가이드인 흑인 할머니 마거릿이 우리에게 설명해주었다.

> Hunger gnawed at her empty stomach again and she said aloud : "As God is my witness, as God is my witness, the Yankees aren't going to lick me. I'm going to live through this, and when it's over, I'm never going to be hungry again. No, nor any of my folks. If I have to steal or kill–as God is my witness, I'm never going to be hungry again."

> 허기가 다시 그녀의 텅 빈 위장을 물어뜯자 그녀는 큰 소리로 외쳤다. "하늘에 맹세코, 하늘에 맹세코 양키들은 나를 이기지 못할 거야. 나는 이 모든 걸 이겨낼 거야. 그리고 이 고난이 끝나면, 다시는 굶주리지 않을 거야. 나도 내 식솔들도 다시는. 도둑질하고 살인을 해야만 하더라도—하늘에 맹세코, 나는 다시는 굶주리지 않을 거야."

　전쟁중 배고픔에 시달리다가 밭에서 순무를 뽑아먹으며 스칼렛이 내뱉는 이 대사가 바로 『바람과 함께 사라지다』에서 가장 중요한 장면이다. 부유한 집안에서 호사스럽게 자라 평생 제 손으로 노동이라고는 해본 적이 없던 스칼렛이 전쟁을 겪고, 가난을 겪고, 굶주림을 체험하면서 자기 손으로 일해 벌어먹고 살아야겠다고 결심하며 강인한 여성으로 거듭나는 장면. 이는 어머니와 약혼자의 죽음 이후 일하는 여성으로서의 입지를 굳힌 미첼 자신을 반영한 결과물이기도 하다. 『바람과 함께 사라지다』가 페미니즘 문학의 영역에서 평가받을 수 있다면, 바로 이 장면 때문이리라.

스칼렛은 전쟁 이후 격동의 전환기를 맞은 남부에 열린 새 시대가 요구하는 신여성상이었다. 그리고 "나는 다시는 굶주리지 않을 거야I'm never going to be hungry again"라는 이 맹세는 대공황을 겪으면서 침체한 미국 사회가 간절히 원하던 미래에 대한 결의와 다짐이기도 했다. 미첼은 이 작품으로 1937년 퓰리처상을 받았다. 소설은 1939년 비비언 리와 클라크 게이블 주연의 영화로 만들어졌다.

"I won't think of it now. I can't stand it now. I'll think of it later," she said aloud, turning her eyes away.
"지금은 생각하지 않을래. 지금은 견뎌낼 여력이 없으니까. 나중에 생각하자." 그녀는 눈길을 돌리며 또박또박 말했다.

전쟁으로 폐허가 된 애슐리의 집터에서 차마 참극과 직면할 수

미첼이 남들의 눈을 피해
『바람과 함께 사라지다』를 썼던 거실 창가.

없었던 스칼렛은 이렇게 말한다. 당장의 고통에 괴로워하기보다는 그를 이겨낼 '나중'을 기약하는 스칼렛의 기질은 그녀가 그토록 사랑하던 레트가 곁을 떠났을 때도 이렇게 발휘된다.

"I'll think of it tomorrow, at Tara. I can stand it then. Tomorrow, I'll think of some way to get him back. After all, tomorrow is another day."
"내일 생각하자, 타라에서. 그땐 견뎌낼 수 있을 거야. 내일, 그를 되찾을 방법을 생각할 거야. 어쨌든, 내일은 또다른 날이니까."

스칼렛의 입을 빌려 "내일은 또다른 날이니까"라는 명언을 남긴 미첼은 1949년 8월 11일 남편과 함께 영화 「켄터베리 이야기」를 보러 가던 중 『바람과 함께 사라지다』를 썼던 바로 그 신혼집 앞 도로에서 차에 치인다. 뇌 손상으로 닷새 만에 숨진다. 겨우 48세였고, 『바람과 함께 사라지다』는 그녀가 남긴 유일한 작품으로 남았다.

우리는 미첼이 집필실로 썼던 거실에 앉아 그의 생애에 대한 설명을 들었다. 4피트 11인치(약 150센티미터) 단신의 마거릿 미첼이 커튼이 쳐진 저 구석의 창가에서 글을 쓰다가, 손님이라도 오면 재빨리 천으로 타자기를 덮어 숨기는 모습이 눈앞에 보이는 것 같았다. 신기한 일이었다. 그의 집에, 거실에 앉아 있는 것만으로도 그와 같은 공기를 마시고 있는 것만 같았다. 그는 오래전 세상을 떠났지만 그의 기운은 그 거실의 대기에 맴돌고 있었다.

묘한 감동을 끌어안고 우리는 미첼 하우스를 나와 차를 빌리러 갔다. 그리고 찰스턴까지, 장장 500킬로미터에 달하는 장거리 여행이 시작되었다.

그날 밤 찰스턴. 우아하기 그지없는 식민지풍 저택들로 둘러싸인 거리를 걸어 역시나 우아한 식당에서 남부 요리로 저녁을 먹고, 호텔로 돌아와 실컷 수다를 떨었다. 종일 운전하느라 애쓴 J가 잠든 후 나는 다시 킨들을 켜고 이 문단을 옮겨 적었다.

As the train carried Scarlett northward that May morning in 1862, she thought that Atlanta couldn't possibly be so boring as Charleston and Savannah had been and, in spite of her distaste for Miss Pittypat and Melanie, she looked forward with some curiosity toward seeing how the town had fared since her last visit, in the winter before the war began.
1862년 5월의 그 아침, 기차에 실려 북쪽으로 향하면서 스칼렛은 애틀랜타가 찰스턴이나 서배너만큼 지루할 수는 없을 거라고 생각했다. 피티팻 아주머니와 멜라니를 싫어했음에도 불구하고, 그녀는 전쟁 전 겨울 마지막으로 애틀랜타를 방문한 이후 그 도시가 어떻게 변했는지에 대한 호기심 섞인 기대감을 갖고 있었다.

　『바람과 함께 사라지다』의 남자 주인공 레트 버틀러의 세련된 취향과 매너, 나쁜 남자다운 기질과 매력을 이해하게 되었다. 그의 고향 찰스턴은 무척이나 멋스러우면서 산뜻한 곳이었다. 역사가 오래된 유서 깊은 도시. 유럽풍의 우아한 저택(찰스턴은 사우스캐롤라이나주에 속하지만 그 저택들은 조지아양식이다)들이 해안 야자수 도로를 따라 줄지어 서 있었다.
　비옥한 땅을 지닌 농장주들의 도시로, 남부의 여러 도시 중 특히 보수적인 곳. 이 지역 명문가 자제인 레트 버틀러는 함께 야반도주했던 여자와 결혼하지 않았다는 이유로 가문에서 쫓겨나고 지역사회에서도 배척당한다. 그러나 그는 남북전쟁 시기 찰스턴의 레이스며 옷감을 애틀랜타로 실어 날라 판매하는데, 그 거리가 장장 500킬로미터……. 전날 애틀랜타에서 다섯 시간 동안 차를 타고 찰스턴으로 온 나는, 찰스턴과 애틀랜타 간의 거리가 서울―부산 간 거리보다 더 멀다는 사실을 그제야 깨달았다. 그렇다면 전쟁 통에 찰스턴과 애틀랜타를 오가며 사업을 한 레트 버틀러는 얼마나 대단한 사람인가. 기차로 짐을 실어 날랐다 해도 19세기 후반에는 과연 며칠이나 걸린 걸까, 문득 궁금해졌다.
　호텔 근처의 유명 레스토랑에서 화이트 오믈렛과 스위트포테이토 팬케익으로 풍성한 아침을 먹었다. 슬슬 걸어서 일단 찰스턴 시티 마켓Charleston City Market에 가보았다. 과거 노예시장으로 사람을

과거 노예시장이었던
찰스턴 시티 마켓.

찰스턴 시티 마켓에서는
미꾸리께미라는 풀로 만든 공예품들을
팔고 있었다. 흑인 노예들이 만들던
것으로, 아프리카 공예의 전통이
반영되어 있다고 한다.

사고팔던 곳이라는 장소의 무거움이 무색하게 여러 공예품을 팔고 있었는데 그중 미꾸리페미sweet grass라는 풀로 만든 소쿠리와 장식품 등이 유독 눈에 띄었다. 흑인 노예들이 만들던 것으로 아프리카 공예의 전통이 반영되어 있다고 했다.

다음 행선지는 섬터 요새Fort Sumter. 배 타고 들어가야만 하는 요새까지는 못 가고 요새가 보이는 항구에서 멀리 바다를 바라보았다. 남북전쟁은 이 요새에서 남군이 북군에 쏜 한 발의 대포에서 발발했다고 한다. 스칼렛에게 고난을 안겨주었던, 그러나 한편으로는 기회가 되기도 했던 그 전쟁. 전쟁이 아니면 스칼렛이 과부가 될 일도, 상복을 입은 채 레트 버틀러와 전쟁기금 마련 무도회에서 춤을 출 일도, 레트와 결혼할 일도 없었을 거다. 전쟁이 없었더라면 스칼렛이 제 안의 강인함을 깨달을 일도 없었을 테지. 앉아서 요새를 바라보다가 근처 공원으로 가 해안을 따라 걸었다. 더운 지방답게 전면에 포치가 있는 아름다운 집들이 늘어선 곳. 옛 노예시장을 개축한 박물관에 가보고 싶었지만 일요일이라 문을 닫았다.

차를 달려 분홀 농장Boone Hall Plantation & Gardens에 갔다. 스칼렛의 분신과도 같은 농장, 타라의 규모를 짐작해보고 싶었기 때문이다. 1681년 이 농장을 설립한 존 분John Boone의 이름을 딴 분홀 농장은 미국에서 가장 오래된 농장 중 하나로 주인을 바꿔가며 수 대째 내려오고 있었다. 라이브오크나무가 죽 늘어선 농장 진입로가 『바람과 함께 사라지다』에서 애슐리 윌크스가 살았던 저택 트웰브

섬터 요새 기념비 전경(위).
옛 노예시장을 개축한 박물관(아래).

분홀 농장주 저택 앞. 방문객을 환영한다는 의미로 파인애플이 장식되어 있다.

라이브오크나무가 죽 늘어선 분홀 농장 진입로. 영화 「바람과 함께 사라지다」의 애슐리 윌크스의 집 트웰브 오크스를 연상시킨다.

왼쪽의 작은 집은 노예들의 숙소다. 저멀리 농장주의 저택이 보인다.

오크스를 떠올리게 했다. 입장료 24달러를 내면 세 가지 투어에 참가할 수 있는데 농장주 저택을 둘러보는 하우스 투어. 노예들의 생활에 대한 설명을 듣는 투어, 그리고 트램을 타고 농장을 둘러보는 코치coach 투어다. 우리는 세 가지 투어에 모두 참가하기로 했다.

귀한 과일이라 미국 남부에서 전통적으로 손님을 환영한다는 표식으로 사용되었다는 파인애플 장식이 농장주 집 문에 걸려 있었다. 목화솜으로 장식한 크리스마스트리가 응접실에 놓인 호화로운 저택에 압도되어서인지 이어서 방문한 노예들의 오두막에서는 막연히 기대했던 처참함이 손에 잡힐 듯 느껴지지는 않았다. 그보다도 각각의 오두막이 박물관 역할을 하는 노예 숙소에 걸린 '해방의 영웅' 사진이 링컨과 『톰 아저씨의 오두막』을 쓴 해리엇 스토 같은 백인이라는 점에서, 그러니까 흑인 노예해방이 당사자들의 반란과 투쟁에 의해서라기보다는 백인들의 실리에 의해 이루어졌다는 점이 아이러니하면서 슬프게 느껴졌다. 백인의 시각에서 충성스러운 흑인 노예의 이미지를 고착화했다는 비판에도 불구하고, 남부의 입장에서 기술된 『바람과 함께 사라지다』가 수많은 이들에게 사랑받을 수 있었던 것도 북군이 투쟁의 기치로 삼았던 '노예해방'이 진정한 인권 보호를 위해서라기보다는 북쪽 공장지대의 노동력 확보라는 측면이 있었기 때문이 아닐까.

농장은 거대했고, 왠지 신령스러운 라이브오크와 이날따라 흐렸던 하늘 덕에 상서로운 기운마저 느껴졌다. 그리고 우리는 더 어두워지기 전에 다시 500킬로미터를 달리기 위해 서둘러

고풍스러운 존즈버러 옛 법원.
미첼은 『바람과 함께 사라지다』를 쓰기 위해
이곳에서 자료 조사를 했다.

애틀랜타로 출발했다.

*

　『바람과 함께 사라지다』 투어 나흘째. 아침에 존즈버러에 갔다. 존즈버러는 애틀랜타 남쪽으로 자동차 타고 30분 걸리는 지역으로, 마거릿 미첼의 외증조부 집이 여기에 있었다. 미첼은 남북전쟁 격전지 중 한 곳인 이곳의 외가를 방문해 들은 전쟁 때 일화를 토대로 『바람과 함께 사라지다』를 구상한다. 소설 속 가상의 농장 타라는 존즈버러 어디쯤인가에 위치한 곳이다. 미첼의 외가인 피츠제럴드 농장 Fitzgerald Plantation House이 타라의 모델이었을 걸로 추정되는데, 그 집은 불에 타 없어져 굴뚝만 남아 있다. 존즈버러는 또다른 의미에서 미첼에게 특별한데, 미첼이 존즈버러에서 차에 치여 발목을 다치는 바람에 신문사를 그만두고 집에 틀어박혀 소설을 쓰게 되었기 때문이다.

　그 정도의 상식을 갖고 간 존즈버러는 고풍스러운 분위기가 풍기는 단정한 동네였다. 존즈버러가 속한 클레이턴 카운티에서 운영하는 '타라로 가는 길 박물관 Road to Tara Museum'이 우리의 목적지였다. 존즈버러는 『바람과 함께 사라지다』의 공식 '홈 home'으로, 따라서 박물관도 카운티에서 운영하고 있었는데 소규모 지자체에서 운영하는 박물관답게 좀 촌스럽고 투박했지만 그래서 정겹고 재미있는 구석이 있었다.

'타라로 가는 길 박물관' 입구.

은퇴한 우편배달부인 허브 브리지스는 『바람과 함께 사라지다』의 열성 팬이었다. 그는 소설 및 영화와 관련해 수많은 것을 수집하고 그에 대한 책도 썼으며 『바람과 함께 사라지다』 초판 등 수집품 중 일부를 박물관에 기증했다. 박물관이란 결국 이런 컬렉터의 열정 덕에 유지된다. 나 역시 '어릴 적 그 책' 컬렉터로서 컬렉터 선배님께 경의를 표하고 싶었는데, J의 권유로 허브 브리지스의 사진 앞에서 경례하는 포즈로 사진을 찍었다. 영화에서 스칼렛의 막내 여동생 캐린역으로 출연한 배우 앤 루더퍼드가 기증한 물품, 영화 속 스칼렛이 입었던 페티코트는 물론이고 어느 팬이 3년 걸려 만들었다는 타라 농장의 모형도 전시되어 있었다.

『바람과 함께 사라지다』 팬이라면 누구나 흥미를 가질 만한 물건들로 가득한 박물관을 뒤로하고 나온 다음 행선지는 스테이틀리 오크스 농장 Stately Oaks Plantation. 1839년 존즈버러에 지어진 저택으로 이 역시 미첼이 타라의 모델로 삼았을 거라고 여겨지는 곳이다.

날이 흐리고 겨울이라 저택 안뜰은 황량했지만 엘리자베스라는 이름의 할머니가 진행한 저택 투어가 기대 이상으로 알차고 재밌었다. 19세기 빅토리아양식으로 꾸며진 저택에서 당시 사람들이 어떻게 살았는지가 눈앞에 펼쳐지는 것 같았다. 현관, 응접실, 피아노 등 악기가 놓인 음악실 music room, 다이닝룸 dining room, 아이들 방, 부부 침실 등을 구경했다. 당시에는 침대 매트를 로프로 지탱했기 때문에 밧줄을 헝클어뜨리지 말고 팽팽하게

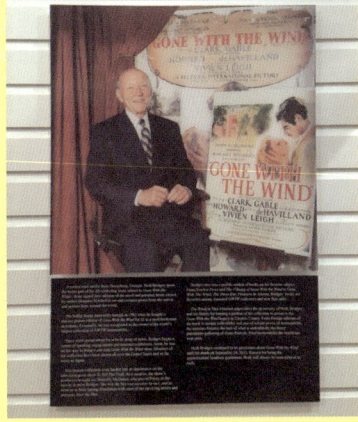

박물관에서는 『바람과 함께 사라지다』의 열성 팬 허브 브리지스의 사진도 볼 수 있다.

허브 브리지스가 기증한 『바람과 함께 사라지다』 초판본.

박물관은 좀 촌스럽고 투박했지만 그래서 정겹고 재미있는 구석이 있었다.

스테이틀리 오크스
농장 저택 전경과
구석구석.

유지하며 푹 잘 자라는 의미에서 자기 전에 부모가 아이들에게 하는 말인 'Sleep Tight'가 유래했다는 설명을 들으며 스칼렛의 어머니 엘런의 인도 아래 타라 식구들이 하루를 마무리하며 기도하는 소설 속 장면을 떠올려보았다. 엘런도 기도를 마치고 침실로 향하는 세 딸에게 입맞추며 "Sleep Tight"라고 인사했을까?

그 저택 어딘가에서 새침한 표정의 스칼렛이 흰 바탕에 녹색 꽃무늬가 있는 모슬린 애프터눈 드레스 차림으로, 유모의 잔소리를 들어가며 곧 참석할 파티에서 '숙녀답게' 적게 먹기 위해 미리 식사를 하고 있을 것만 같았다. 타라, 스칼렛의 고향이자 지향점, 이상이기도 한 곳. 남부의 농장과 저택을 둘러봄으로써 그 타라를 내 나름의 이미지로 마음속에 구축할 수 있었다.

*

여행 마지막날 아침은 애틀랜타 중앙도서관에서 시작했다. 영국 신문 『가디언』에 실린 「『바람과 함께 사라지다』 투어를 위해 애틀랜타에서 꼭 봐야 할 10가지」 기사에는 애틀랜타 중앙도서관에 소장된 마거릿 미첼의 타이프라이터가 포함되어 있었다. 미첼이 『바람과 함께 사라지다』를 쓴 그 타자기다. 타자기만 있는 줄 알았는데 도서관 5층에서는 마거릿 미첼 컬렉션 전시가 열리고 있었다. 대부분 그녀의 사후에 남편 존 마시가 기증한 물품들로 퓰리처상 수상 증서, 책을 쓸 때 참고한 도서들, 도서관 회원증, 사진

등이 전시되어 있었다.

> Scarlett O'Hara was not beautiful, but men seldom realized it when caught by her charm as the Tarleton twins were.
> 스칼렛 오하라는 예쁜 여자는 아니었다. 그러나 남자들은 탈턴 쌍둥이 형제가 그랬듯 일단 그녀의 매력에 빠지기만 하면 대부분 그 사실을 알아차리지 못했다.

타자기 앞에 서서, 미첼의 자그마한 손이 자판 위를 달리며 소설의 유명한 첫 문장을 만들어내는 상상을 했다. 그녀는 열 살 무렵부터 이야기를 만들어내곤 했다고 한다. 남편 존 마시가 가장 좋아했다는 미첼의 옆모습 사진이 전시되어 있었다. 미첼이 누군가와 함께 찍은 사진이었는데 흥미롭게도 미첼이 찍힌 부분만 남긴 채 반으로 찢겨 있었다. 찢겨나간 부분에 있었던 사람은 미첼의 전남편 레드 업쇼라고 했다.

다음 목적지는 오클랜드 묘지. 미첼의 무덤이 그곳에 있다. 여행을 미첼 무덤 참배로 마무리하자는 건 J의 아이디어였다. 여행 내내 J는 미첼을 '선배님'이라 불렀는데 미첼이 우리와 마찬가지로 기자 출신이기 때문이었다.

오클랜드 묘지가 상상 이상으로 넓어서 우버 기사는 입구를 찾느라 한참 헤맸다. 결국 비지터센터를 찾지 못해 아무 문 앞에서나 내려달라고 했다. 걱정스럽게 "괜찮겠어요?(Are you sure?)"라고 묻는

미첼의 두번째 남편 존 마시가 좋아했던 사진. 사진에서 미첼이 바라보고 있는 우측의 전남편 레드 업쇼는 찢겨 나갔다.

애틀랜타 중앙도서관에서 열린 마거릿 미첼 컬렉션 전시장 풍경.

마거릿 미첼이 『바람과 함께 사라지다』를 쓸 때 사용한 타자기.

기사에게 언제나 쾌활한 J가 "괜찮아요. 모험이니까요!(That's O.K. It's an adventure!)"라고 답하는 바람에 모두 웃음을 터뜨렸다. 여행의 긴장이 잠시나마 풀렸다.

길을 잃을까 살짝 걱정했는데 다행히 미첼 묘소를 가리키는 안내판을 찾아내 성공적으로 무덤을 찾아갔다. 여행 첫날 마거릿 미첼 하우스 투어 때 가이드 할머니가 "묘지에서는 '미첼'이라 적힌 묘석을 찾으면 안 된다. 남편 성이 '마시'이므로 마시의 무덤을 찾아야 한다"고 말해준 것이 큰 도움이 됐다.

비에 젖은 묘석 주위를 분홍 장미나무가 둘러싸고 있었다. 무덤은 정갈하고 심플했다. 마거릿 부부의 무덤 뒤쪽에 'Mitchell'이라 새겨진 묘석이 있어 살펴보니 미첼의 부모님과 어릴 때 죽은 오빠가 나란히 묻혀 있었다. '부모님 곁에 있다니 외롭지 않을 거야.' 나도 모르게 안도했다. 미첼의 어머니 메이벨은 아일랜드 이민자 출신인 남부 명문가 딸로 여성운동가였다. 그는 미첼이 세 살 때 치맛자락에 불이 붙는 아찔한 사고를 겪자 이후 딸에게 바지를 입혀 키웠고 남자아이처럼 '지미'라는 애칭을 붙여주었다고 한다. 강인한 여성 뒤에는 그만큼 강한 어머니가 있기 마련인가보다.

헌화하고 싶어 꽃가게를 찾았지만 보이지 않았다. 결국 미로 같은 묘지를 헤매다 겨우 찾은 비지터센터에서 크리스마스 화초Christmas greenery를 한 단 샀다. J는 조지아의 꽃인 목련을 미첼에게 바치고 싶어했는데 마침 목련 잎사귀가 우리가 산 다발에 포함되어 있었다. 꽃을 바치고 많은 것을 기도했다. 그 순간에 절실한 것들을

미첼의 묘소. 애정과 존경을 담아
크리스마스 화초 한 단을 바쳤다.

기도했다. 마거릿 미첼의 넋이 만약 그곳에 있었다면 한국에서 온 두 '후배' 덕에 조금은 즐겁지 않았을까?

✶

하츠필드국제공항의 안개를 뚫고 뉴욕행 비행기가 서서히 움직이기 시작할 때 나는 4박 5일간의 여행이 알차고 즐거웠던 건 스칼렛 못지않게 강인한 여성인 친구 J가 곁에 있었기 때문이라는 걸 깨달았다. J는 여행 내내 "친구와 단둘이 하는 여행이 좋다. 단둘이 여행해야 서로를 더 깊이 이해할 수 있기 때문"이라는 얘기를 여러 번 했는데 내겐 이 여행이 그랬다.

2003년 1월은 내게 사회생활을 시작한 시기인 동시에 많은 새 친구들을 만난 시기로 기억된다. 그리고 나는 그 친구들을 서울 시내 각 경찰서에서 만났다.

J를 처음 만난 건 서초경찰서 수습기자실에서였다. 일 많다는 강남라인에 배정받아 갔더니 호리호리한 체구에 투지에 불타는 눈빛을 가진 모 신문사 기자가 앉아 있었다. 어찌나 의욕이 넘치는지 심약한 나는 금세 주눅들었다. '쟤한테 물먹으면 큰일이다' 생각하며 그녀를 경계의 대상으로 생각했다. 강남의 의사가 아내를 살해한 사건이 있었다. 아내의 시신이 강남성모병원에 있었던가, 잘 기억이 안 나는데 추가 취재의 열의를 보이기 위해 병원에 갔다. 나 혼자 가야 하는데…… 그 파이팅 넘치는 기자가 따라붙었다. 속으로

투덜대며 함께 택시 타고 가서 취재했는데 별 성과는 없었다. 그렇게 그녀와 알게 되었고 세월이 흘러 어느새 친구가 되었다.

이 직업을 택한 걸 끊임없이 회의한 나와 달리 그녀는 근성 있는 기자였다. 시사 잡지 기자답게 사회 이슈를 택해 끝까지 물고 늘어지는 걸 볼 때면 나의 심약함과 불성실함이 부끄러워지곤 했다. 그리고 두려움 없는 추진력.

같은 시기 나는 뉴욕에, 그녀는 LA에 있게 되면서 함께 여행을 해보자는 얘길 몇 번 했다. 뉴욕도 LA도 아닌 제3의 장소에서 만나자는 그녀의 제안에 내가 애틀랜타를 포함한 남부지역 여행을 구상했는데 진짜 함께 가게 될 줄은 몰랐다. 남부지역이 널리 알려진 관광지도 아니고 나와 달리 그녀는 두 아이를 챙기느라 늘 바빴으므로. 그런데 그녀가 가겠다고 했다. 그때부터 여행의 실무는 그녀 손으로 넘어갔다. 도시를 넘나드는 여행을 주도적으로 많이 해본 그녀가 루트를 짜고, 항공권 예약을 독려하고, 숙박과 렌터카를 예약했다. 나는 외신을 뒤져 『바람과 함께 사라지다』 관련 정보를 그녀에게 준 것 외에는 딱히 한 일이 없었다. 여행을 미첼 하우스에서 시작해 무덤에서 끝맺어야 한다고 우기면서 그녀가 말했다. "이 이야기를 기사로 쓴다고 생각해봐. 그래야 수미쌍관이 되거든." 리드도 멋지게 쓰고 끝부분도 근사하게 마무리하고픈 욕심을 나도 이해했기 때문에 동의했다.

그렇게 시작된 4박 5일간의 여행이 무척 즐거웠다. 정교하게 계획을 짜진 않았지만 여행을 해나가며 만들어나가는 재미가 있었다. 그런 순간들이 좋았다. 애틀랜타에서 찰스턴 가는 차 안에서 다섯 시간 동안 이 이야기 저 이야기를 할 때. 찰스턴에서 애틀랜타로 돌아오는 차 안에서 유튜브로 이적이 부른 「걱정말아요 그대」를 들으며 함께 따라 부를 때, 존즈버러에 갔다가 다시 애틀랜타로 돌아가는 길에 CNN 본사에 들르기로 결정하곤 그녀의 명으로 구글을 뒤져 CNN 앵커 앤더슨 쿠퍼에 대한 정보를 찾아 들려줄 때.

그리고, 그녀와 함께한 생일파티.

여행을 마치고 각자의 도시로 돌아가는 날이 마침 내 생일이라서 애틀랜타에서의 마지막날 그녀가 저녁을 사주었다. 우리가 택한 식당 '메리 맥스 티룸 Mary Mac's Tea Room'은 이름 자체로 의미 있는 곳이었다. '티룸(찻집)'이라지만 실제로는 식당이다. 제2차세계대전 이후 많은 여염집 여자들이 남편을 잃고 생업에 뛰어들어야만 했다. 만만한 것이 식당이었지만 보수적인 남부에서는 글을 쓰는 것과 마찬가지로 식당을 하는 것도 '숙녀가 하지 않을 법한 일'에 속했다. 그래서 '부인들의 우아한 티타임'이라는 인상을 주고자 '티룸'이라는 간판을 내건 채 실제로는 식당을 운영했다고 한다. 즉 '티룸'이라는 '눈 가리고 아웅'식 이름은 미첼이 타자기를 가린 수건과도 같은 것이었다. 미국 남부 여자들의 역사가 담긴 그 식당에서 조지아주의 대표적인 칵테일 피치 코블러를 곁들인 정통 미국 남부 프라이드치킨을 뜯으며 여행의 성공과 나의 서른일곱번째 생일을 함께 축하했다.

그녀처럼 사회에 대해 분석적인 시각을 가지고 이야기하는 친구를 본 적이 없다. 심지어 시사 문제에 약한 내게 읽히겠다고 미국 도시의 역사에 관한 책을 LA에서부터 들고 와 내 손에 쥐여주었다. 과연 흑인들도 『바람과 함께 사라지다』를 좋아할까? 이는 여행 내내 그녀가 가졌던 의문으로 결국 마지막날 그녀는 묘지에서, 기념품을 사러 다시 들른 마거릿 미첼 하우스에서, 직원들을 붙들고 끈질기게 그 질문을 퍼부어댔다. 그 모습이 영락없이 취재중인 기자라 지켜보던 나는 마음속으로 웃었다. 묘지와 미첼 하우스 직원들은 "방문객 중 흑인 비율도 높다"고 했지만, 그 답은 표면적 진실일 뿐이었던 것 같다.

그 여행에서 돌아온 지 몇 년 지난 2020년 6월, HBO맥스는 영화 「바람과 함께 사라지다」를 보유 콘텐츠 목록에서 삭제했다. 영화가 흑인에 대한 고정관념을 고착시킨다는 비판을 받아왔기 때문이다. 흑인 노예가 주요 인물로 등장하는 마크 트웨인의 『허클베리 핀의 모험』과 마찬가지로 「바람과 함께 사라지다」 역시 시대상을 반영하더라도 인종차별적인 표현을 삭제하는 것이 옳은가, 아니면 후대가 그 시대를 이해하는 역사적 자료이니 그대로 두고 반면교사로 삼도록 하는 것이 옳은가, 라는 논란의 중심에 있었다. 이후 HBO는 「바람과 함께 사라지다」를 다시 상영 목록에 넣으면서, 역사적 맥락과 한계를 소개하는 부록 영상을 함께 제공했다.

소설 『바람과 함께 사라지다』 판권을 가지고 있는 미국 출판사 팬맥밀런은 2023년 4월 책 도입부에 "인종차별적 요소가 있어

불쾌하거나 해로울 수 있다"는 '트리거 경고문'을 넣었다. 출판사는 경고문에서 "이 소설은 받아들일 수 없는 관행, 인종차별적이고 고정관념적인 묘사, 그리고 불편한 주제와 인물 설정, 언어, 이미지 등을 포함하고 있다"면서 "책의 본문은 원작의 모든 부분을 그대로 유지하고 있으며, 당시의 언어와 시대적 배경을 반영하고 있다. 소설이 쓰인 시기의 역사적 맥락에 충실한 표현들 가운데 오늘날의 시각에서 볼 때 상처를 줄 수 있거나 유해할 수 있는 단어와 용어들이 포함되어 있을 수 있음을 독자에게 알리고자 한다"고 명시했다. 출판사는 또 "오늘날의 세상을 반영해 본문을 바꾸는 것은 원작의 진정성을 훼손하는 것이라 판단해 본문 전체를 그대로 유지하기로 했다. 하지만 이러한 결정이 인물 묘사나 내용, 사용된 언어에 대한 동의나 지지를 의미하는 것은 아니다"라고 밝혔다.

Gone With the Wind

2

바람과 함께 사라지다
마거릿 미첼(Margaret Mitchell, 1900~1949)

『바람과 함께 사라지다』를 처음 읽은 건 초등학교 6학년 때였다. 아버지 책장의 세계명작전집에 있던 이 책을 피아노 뚜껑 위에 펼쳐놓은 걸 본 엄마는 당황하며 "어머, 이건 너희가 읽는 책이 아니야"라고 했다. 이듬해 중학교에 입학한 내게 여주인공이 성폭행당하는 이야기인 『테스』를 사준 엄마가 왜 그렇게 말했는지 아직도 의문이지만 짐작건대 스칼렛 오하라가 썩 정숙한 여자가 아니었기 때문인 것 같다.

그래서 스칼렛이 좋았다. 그전까지 내가 읽은 문학작품의 어떤 여주인공과도 달랐다. 소위 '먹물'인 여자 작가들은 제인 오스틴이 『오만과 편견』에서 그랬듯 여주인공을 그리 예쁘지 않으나 교양과 학식이 철철 넘쳐서 마침내 상대 남자를 사로잡는 캐릭터로 그려내는 경향이 있다. 스스로의 욕망을 투사하고 싶은 심정은 십분 이해하나, 독자들 생각도 좀 해줬으면 좋겠다. 소설 속 여주인공을 인생의 롤모델로 삼아온 나 같은 여자들이 연애를 잘 못하는 것은 '배운 여자'에 대해 긍정적인 환상을 심은 여성 작가들 탓도 있다고 본다.

스칼렛은 책 읽기를 싫어했다. 교양이 없었다. 그러나 현실적이었다. 그녀는 아름답지는 않았지만, 어떻게 속눈썹을 깜빡이고 어떻게 웃어야 남자의 마음을 사로잡는지 알았다. 그리고 욕망에 충실했다. 좋아하는 사람이 따로 있으면서도 실리에 따라 세 번 결혼했다. 돈을 벌기 위해서 교양 있는 여자들이 꺼리던 목재 장사도 서슴지 않았다. 그 적극성이 좋았다. 일하는 여자란 어떻게 살아야 하는가. 스칼렛은 내게 그걸 알려주었다. 그녀는 내가 책을 통해 최초로 만난 '커리어 우먼'이었으니까. 누군가는 그저 그런 대중소설이라며 폄훼하지만 내가 『바람과 함께 사라지다』를 '인생의 책' 중 한 권으로 꼽는 것은 그런 이유 때문이다.

8 우아한 어머니의 고향, 서배너

She was a tall woman, standing a head higher than her fiery little husband, but she moved with such quiet grace in her swaying hoops that her height attracted no attention to itself. Her neck, rising from the black taffeta sheath of her basque, was creamy-skinned, rounded and slender, and it seemed always tilted slightly backward by the weight of her luxuriant hair in its net at the back of her head. From her French mother, whose parents had fled Haiti in the Revolution of 1791, had come her slanting dark eyes, shadowed by inky lashes, and her black hair; and from her father, a soldier of Napoleon, she had her long straight nose and her square-cut jaw that was softened by the gentle curving of her cheeks. But only from life could Ellen's face have acquired its look of pride that had no haughtiness, its graciousness, its melancholy and its utter lack of humor.

그녀는 키가 큰 여성이었다. 작고 다혈질인 남편보다 머리 하나쯤 더 컸지만 흔들리는 크리놀린 안에서 조용하고 우아하게 움직였기 때문에 아무도 그녀의 키에 주목하지 않았다. 몸에 딱 붙는 검정 태피터 웃옷 위로 솟은 그녀의 목은 크림색으로 호리호리한 곡선을 그리고 있었는데, 그물에 감싼 검고 풍성한 머리카락 무게 때문에 언제나 살짝 뒤로 젖혀져 있는 것처럼 보였다. 그녀는 1791년의 혁명 때 아이티에서 망명 온 부모 밑에서 태어난 프랑스인 어머니로부터 잉크빛 속눈썹이 그늘을 드리우는 기울어진 짙은 색 눈과 검은 머리카락을 물려받았다. 나폴레옹의 군인이었던 아버지로부터는 길고 곧은 코와 사각턱을 물려받았는데 그 턱은 완만한 곡선을 그리는 두 뺨 덕에 상대적으로 부드러운 느낌을 주었다. 그러나 엘런의 얼굴에 깃든 오만함 없는 자존심과 은근한 품위, 우수憂愁, 그리고 유머라고는 찾아볼 수 없는 표정 등은 오직 삶을 통해서만 얻을 수 있었던 것이었다.

마거릿 미첼은 『바람과 함께 사라지다』에서 스칼렛의 어머니 엘런을 이렇게 묘사한다. 우아함과 품위의 결정체인 엘런을 미첼이 왜 서배너 출신으로 설정했는지 서배너에 도착하자마자 곧 알게 되었다. 애틀랜타와 찰스턴에서 돌아온 지 한 달 후, 나는 혼자 서배너 여행을 떠났다.

서배너 관광의 중심인 히스토릭 디스트릭트는 한겨울인데도 꽃향기로 가득하다. 1월이라도 낮 최고기온은 섭씨 23도. 적당히 선선한 바람을 타고 날아오는 달콤한 향내가 못내 궁금해 주변을 살피다가 노랗고 잔잔한 꽃송이가 향기를 내뿜고 있는 걸 발견했다. 나중에 이날 묵은 비앤비 일라이저 톰프슨 하우스B&B Eliza Thompson House 컨시어지에 물어보았더니 친절한 직원 켈리가 아마도 허니서클honey suckle일거라고 얘기해주었다. 허니서클이 뭔지 몰라 사전을 뒤져보니 인동덩굴이다. 혁명을 피한 프랑스 귀족들이 망명해 개척한 이 도시는 '남부의 여주인Hostess of the South'이라는 별칭답게 기품 있지만, 또한 도시를 뒤덮은 고혹적인 꽃향기 덕에 묘하게 가슴을 설레게 하는 매력을 품고 있다.

열다섯 살의 엘런 로비야르는 서배너의 다른 열다섯 살짜리 못지않게 별것 아닌 일에도 키득대며 친구들과 밤새 비밀 이야기를 하던 소녀였다고 마거릿 미첼은 기술한다. 잘 웃고 잘 떠드는 매혹적인 소녀 엘런은 집안이 반대하던 연인인 사촌 필립이 프랑스에서 전사하자 필립을 반대한 집안사람들과 결별을 결심하고 스물여덟 살이나 많은 제럴드 오하라의 청혼을 받아들이고 서배너를 떠나 타라로 간다.

미첼은 이렇게 썼다.

She had left too much of helself in Savannah-
그녀는 자신의 너무 많은 부분을 서배너에 남겨두었다.

영혼은 서배너에 남겨두고 빈껍데기 육신만으로 제럴드와 결혼한 그녀는 여섯 아이를 낳고 그중 세 아들을 잃는 참척의 아픔을

공항마저 우아한 서배너.

히스토릭 디스트릭트에 위치한
B&B 일라이저 톰프슨 하우스.

겪는다. 서배너에 비하면 불모지에 가까웠던 타라를 건실하게 일궈 그 농장의 정신적 지주가 된다. 어딘지 모르게 엉성했던 타라는 그녀의 지휘 아래 서배너 저택 양식을 차용해 품위와 위용을 갖추게 되는 것이다. 철없고 발랄했던 소녀가 창백한 얼굴로 조용히 제럴드의 팔에 가볍게 손을 얹고 왕녀와 같은 풍모로 "당신과 결혼하겠어요, 오하라 씨"라고 말한 후 아버지뻘의 남편과 세 딸, 수십 명의 노예에게 숭앙받게 되는 그 전환이 너무나 극적이어서 나는 항상 타라에 오기 전의 엘런이 어떤 여자인지 궁금했다. 『바람과 함께 사라지다』에는 이런 구절이 있다.

> From the day when Ellen first came to Tara, the place had been transformed. If she was only fifteen years old, she was nevertheless ready for the responsibilities of the mistress of a plantation. Before marriage, young girls must be, above all other things, sweet, gentle, beautiful and ornamental, but after marriage, they were expected to manage households that numbered a hundred people or more, white and black, and they were trained with that in view.
> 엘런이 처음 타라에 온 날부터, 타라는 변화했다. 열다섯 살밖에 되지 않았지만, 엘런은 농장의 안주인으로서 책임을 질 준비가 되어 있었다. 결혼 전에, 소녀들은 무엇보다도 상냥하고 온화하며, 아름답고 장식처럼 우아해야만 했지만, 결혼 후에는 백인과 흑인을

텔페어아카데미 전경. 건물 앞에는 그리스의 조각가 페이디아스를 중심으로 루벤스, 라파엘로, 미켈란젤로, 렘브란트의 입상이 자리하고 있다.

텔페어아카데미의 조각 전시실. 「라오콘」을 비롯한 고대 그리스 유명 조각 작품을 석고로 본떴다. 미술관 초대 큐레이터이자 관장인 독일 출신 화가 칼 루트비히 브란트가 주민들의 교육을 위해 유럽 미술관에서 본을 떠왔다고 한다.

서배너의 우아함을 고스란히 담은 듯한 텔페어아카데미의 다이닝룸.

합쳐 백 명이 넘는 살림살이를 꾸려나갈 것이었기 때문에 그에 맞춰 훈련받았다.

이날 낮 서배너의 대표적인 미술관이자 미국 남부 최초의 공공미술관인 텔페어아카데미Telfair Academy 투어중 50대 정도로 보이는 여성 도슨트가 내게 "왜 서배너에 왔느냐"고 물었다. 『바람과 함께 사라지다』 때문이라고, 스칼렛 엄마 엘런이 서배너 출신이라 여기 꼭 와보고 싶었다고 하자 그는 깔깔 웃으며 말했다. "나는 열서너 살 때 그 책을 읽었는데, 도무지 내용이 기억이 안 나요. 그런데 당신이 서배너에 온 이유가 너무 재미있네요." 그의 눈에 비친 나는 우리로 치자면 이광수나 염상섭 소설을 속속들이 파고드는 서양인 격이었으리라.

그런데 나는 진심이었다. 애틀랜타는 스칼렛의 활동 무대라서, 찰스턴은 레트 버틀러의 고향이라서, 그리고 서배너는 엘런의 고향이라 와보고 싶었다. 지난번 애틀랜타와 찰스턴을 여행할 때 찰스턴과 고작 자동차로 한 시간 거리인 서배너에 가보지 못한 게 못내 아쉬웠는데 비행기 티켓 구매 사이트를 뒤지다보니 제트블루항공 직항 왕복 티켓이 단돈 106달러에 나와 있는 게 아닌가. 당장 표를 샀다. 나는 스칼렛을 샅샅이 알고 싶었다. 그녀가 어떻게 그런 성품과 기질의 여성이 될 수 있었는지, 그 어머니 엘런을 통해서도 파악하고 싶었다.

서배너 거리를 걷다가 향기에 이끌려 향초 가게에 들렀더니,

영화 「포레스트 검프」의 첫 장면에
등장하는 치페와스퀘어.

레몬 버베나 향 향초를 팔고 있었다. 엘런에게서 항상 풍기는 향기, 레몬 버베나. 사각거리는 어머니의 치맛자락 소리와 함께 스칼렛의 마음을 항상 안정시켜주었던 그 향이 궁금해 기념품으로 향초를 샀다. 우아한 엘런과 어울리는 벨벳처럼 부드럽고 묵직한 향일 줄 알았는데 의외로 새콤하면서 날렵한 향기였다.

미국에서 가장 오래된 도시는 세인트오거스틴^{St. Augustine}이지만, 미국에서 가장 오래된 계획도시는 바로 서배너다. 도시는 18세기에 설립되었고 스물네 개의 광장으로 구성되었는데 그중 두 개가 교도소와 시민회관으로 바뀌었고 스물두 개가 그대로 남아 있다. 버스 정류장 앞 벤치에 주인공 톰 행크스가 앉아 있는 영화 「포레스트 검프」의 첫 장면을 바로 서배너의 치페와스퀘어에서 찍었다. 도시는 처녀 귀신의 머리카락 같은 스패니시모스^{Spanish moss}가 휘장처럼 드리운 라이브오크나무 덕에 신령스러운 분위기를 뿜어냈다. 오래된 도시라 곳곳에서 유령이 출몰한다고 해서 저녁을 먹은 후 고스트 투어에 참가했다. 가이드는 나무에 매달려 교수형당한 여자의 유령 이야기며, 강에 빠져 죽은 어린아이 유령 이야기 등을 실감나게 들려주었다.

로버트 스티븐슨의 소설 『보물섬』에 영감을 주었던 18세기 해적 소굴의 지하 럼 창고를 탐방하고 낮에 갔던 미술관, 텔페어아카데미에도 다시 갔다. 텔페어아카데미는 텔페어가^家의 상속녀 메리 텔페어가 죽기 전 조지아주에 기증한 저택을 개조해 만든 곳으로 그는 기증 요건으로 자기 집에서 술 마시거나 춤추거나 사교 활동을 하면 안 된다는 규율을 내세웠다고 한다. 부유한 상속녀인 메리는 무척 강인한 성격으로 무려 19세기에 독신으로 지냈는데 그런 그녀의 유령이 지팡이를 짚고 미술관에 출몰한다고 했다. 눈을 감고 미술관에 서 있을 때 누군가의 따스하고 부드러운 손길이 목과 어깨를 건드리면 그게 바로 그녀인데, 절대 남자는 건드리지 않고 여자만 건드린다고 설명하면서, 가이드는 고스트 투어 참가자들을 둥글게 서도록 한 후 눈을 감고 가만히 서 있어보라고 했다. 메리 텔페어의 손길을 느끼기 위해서였는데 아쉽게도 그 누구의 손길도 느껴지지 않았다. 스칼렛과 엘런에 이어 또 한 명의 강인한 남부 여성을 만났구나 생각했는데, 메리 텔페어가 끝이 아니었다.

  숙소인 일라이저 톰프슨 하우스에 돌아와 켈리에게 일라이저 톰프슨이 대체 누구냐고 물었더니 일곱번째 아이를 낳은 직후 남편이 죽자, 혼자 일곱 아이를 키운 억척 여성으로 이 집은 1880년대에 남편이 일라이저에게 선물한 것이라고 했다. 이후 치과의사가 사들여 병원으로 쓰이다가 1960년대에 B&B로 개조되었다는 것이다. "혹시 이 집에도 일라이저의 유령이 나오냐"고 묻자 켈리는 당연하다는 듯 "모든 곳에 유령이 나온다"면서 자기는 못 봤지만 일라이저의 유령을 봤다는 사람들이 있다고 말했다. 전설의 고향 같은 도시 서배너에서는 버터밀크와 라임을 섞어 '바다 거품의 푸른색 sea foam blue'이라고 부르는 연하늘색(찰스턴에서는 같은 색을 '스카이블루'라 한다)을 만들어 문과 창틀에 칠한다. 그렇게 하면

집밖의 유령이 들어오지 못한다는 부두교 믿음에 의한 것이라고 했다. 그런 얘기를 듣고 방으로 들어오는데 방에 붙은 문패가 하필 '일라이저Eliza'였다. 어디서 하늘색 페인트라도 얻어서 방문에 칠해야 하는 걸까…….

오싹한 기분으로 잠들기 전에 다시 『바람과 함께 사라지다』의 엘런에 대한 구절을 읽어보았다.

> She had put Savannah and its memories behind her when she left that gently mannered city by the sea, and, from the moment of her arrival in the County, north Georgia was her home. When she departed from her father's house forever, she had left a home whose lines were as beautiful and flowing as a woman's body, as a ship in full sail ; a pale pink stucco house built in the French colonial style, set high from the ground in a dainty manner, approached by swirling stairs, banistered with wrought iron as delicate as lace ; a dim, rich house, gracious but aloof.
>
> 그녀는 그 바닷가의 점잖은 도시를 떠났을 때 서배너와 그에 얽힌 추억들을 뒤에 남겨두었다. 그리고 조지아에 도착하는 순간부터 북부 조지아가 그녀의 집이 되었다. 그녀가 아버지의 집을 영원히 떠났을 때 그녀는 여인의 몸처럼 부드러운 곡선이 흐르는, 한껏 돛을 펼친 배와 같은 집도 남겨두고 온 것이었다. 프랑스 식민지

양식으로 지어진 연분홍빛 스투코 건물은 지면보다 높게 우아하게 들어올려져 있었고, 소용돌이치는 듯한 곡선을 그리는 계단을 따라 올라가면 레이스처럼 섬세한 연철 난간으로 이어졌다. 은은하고 호화로우며 품위 있었지만, 그러나 어딘가 냉담한 느낌을 주는 집이었다.

*

 다음날 체크아웃 후 슈트케이스를 끌고 히스토릭 디스트릭트의 북쪽까지 걸어갔다. 둘째 날 밤 묵으려고 예약한 호텔이 거기 있었다. 첫날 묵었던 B&B가 너무 좋았기 때문에 고작 5만 원 차인데 그냥 하루 연장할까 생각했지만 예약 취소가 되지 않아 포기했다. 두 군데 숙소를 다 경험해보는 데 의의를 두기로 했다.
 짐을 놓고 강변을 좀 산책하다가 점심을 먹으러 갔다. '올드 핑크 하우스Olde Pink House'라는 이름의 식당은 서배너에서 가장 오래된 저택을 개조한 곳이다. 엘런이 서배너에 남겨두고 왔다는 "프랑스 식민지 양식으로 지어진 연분홍빛 스투코 건물"이 바로 이 집을 모델로 한 것이 아닐까, 멋대로 상상해보았다. 이 집에 밥을 먹으러 온 건 전날 묵었던 B&B 매니저 켈리의 추천 때문. 서배너에 오기 전에는 폴라 딘이라는 여자가 경영한다는 유명한 레스토랑 '더 레이디&선즈The Lady&Sons'에 가보려고 했었는데, 막상 도착하자 현지인들의 평이 좋지 않아 가지 않기로 했다. 올드 핑크 하우스에서

왠지 엘런의 고향 집의
모델이었을 것만 같은
분홍색 외관의 레스토랑,
올드 핑크 하우스.

우아하다는 말밖에 나오지
않는 서배너의 상징, 포사이스
공원Forsyth Park의 분수.

햇살 잘 드는 자리에 앉아 BLT 샐러드를 시켰다. 남부답게 프라이드 그린 토마토와 '캔디 베이컨'이라고 하는 사탕수수에 절인 달콤 짭조름한 베이컨이 나온다. 전날 밤 고스트 투어 가이드에 따르면 여자 화장실에서 귀신이 나온다는 집인데 용기를 내어 화장실에 다녀왔지만 아무 일도 일어나지 않았다.

오후에 서배너 히스토리컬 워킹 투어에 참가했다. 두 시간 걸으며 도시의 역사에 대해 설명을 듣는 프로그램인데, 전날 잠을 설쳐 컨디션이 나쁜데다 가이드의 말까지 빨라 곤혹스러웠지만, 참가에 의의를 두기로 했다. 투어의 성과 중 하나는 전날 켈리가 허니서클일 거라고 했던 꽃향기가 사실은 '티올리브tea olive'였음을 알아낸 것. 티올리브는 원래 한겨울에 피는 꽃이 아니라는데, 목련도 피고 나비도 날아다니는 이상 고온 덕에 아마 이 꽃도 피었나보다. 전날 나를 단번에 매료시켰던 향기의 정체를 알게 되어 기뻤다.

가이드는 또 서배너에서 문이나 지붕, 창틀에 하늘색을 칠하는 건 하늘색이 물을 상징해서 악귀가 물을 못 건너오게 하기 위해서라고 설명해주었다. 남부의 흑인 전통인 아프리카 문화와 미국 문화의 습합으로 만들어진 걸러Gullah 문화의 일환이라고 했다. 가이드는 존 버렌트John Berendt가 쓴 『한밤중 선과 악의 정원에서Midnight in the Garden of Good and Evil』 이야기도 계속했는데 서배너를 배경으로 쓴 이 책이 베스트셀러가 되고 영화화되면서 매년 140만 명의 관광객이 서배너를 찾는다는 것이다. 간밤 고스트 투어에서도 이 영화 얘기가 나왔고 이날도 가이드가 이 책을 꼭 읽어보라고 하기에

스패니시모스가 잔뜩 드리운 라이브오크나무 사이로 서배너의 상징 세례자요한대성당Cathedral of St. John the Baptist의 첨탑이 보인다.

당장 킨들로 구입했다.

    워킹 투어가 끝나고 할 일을 생각하다가 도시의 대표적인 고택인 오언스토머스 하우스 Owens-Thomas House 투어를 했다. 미국 남부에 하우스 투어 프로그램이 많은 건 역사가 오래되고 부유한 지주들이 많았던 만큼, 유서 깊은 저택도 많기 때문이다. 세상에서 가장 재미있는 것이 남의 집 구경이기도 하거니와, 엘런이 어떤 환경에서 자랐는지를 유추하는 것이 여행의 목적이었으므로, 가능한 한 많은 하우스 투어에 참가하기로 했다. 이 집 투어에서도 예의 그 푸른색 얘기가 나왔는데 '헤인트 블루 haint blue'라고도 부른다고 했다. 엘런의 소녀 시절은 스투코의 연분홍색과 서배너 특유의 하늘색으로 뒤덮여 있었겠구나. 나는 비로소 타라로 오기 전의 엘런을 색채로 표현할 수 있을 것 같았다.

    텔페어미술관처럼 이 집도 오언스가의 상속녀가 자식이 없어서 텔페어미술관에 기증, 텔페어미술관 소유라는 점이 흥미로웠다. 메리 텔페어와 일라이저 톰프슨을 비롯해 강인한 여성들의 이야기로 넘쳐나는 도시, 서배너. 심지어 걸스카우트 창시자 줄리엣 고든 로 Juliette Gordon Low의 생가도 서배너에 있다.

    낮 워킹 투어 때 서배너의 여권女權이 미국 다른 지역보다 강하냐고 가이드에게 물어보았더니 "특수하다"는 답이 돌아왔다. 남부 조지아에서는 18세기에 이미 여성이 재산을 상속받을 수 있어서 입김이 셌고, 전쟁을 겪으면서 과부들이 억척스럽게 활약했다는 것이다. 농업이 주요 산업인 남부 특성상 농장 살림을 통솔하는 안주인의 권한이 강했을 수밖에 없을 것 같기도 했다. 가이드에게 들은 바에 따르면 서배너 도시계획에 큰 역할을 한 여성도 스칼렛과 마찬가지로 전쟁 과부로 두 번 결혼했고, 텔페어미술관 설립자인 메리 텔페어는 서배너 '메리 텔페어 여성병원'의 기금을 내며 유언장에 이사회 구성원이 반드시 여성이어야만 한다는 조건을 달아서 지금까지도 병원 이사회는 여성 중심으로 운영된다고 했다.

이런 분위기에서 엘런과 스칼렛 같은 여성이 탄생한 건 어쩌면 필연적인 일. 다비드의 명화 「사비니의 여인들」에 필적할 만큼 용감한 '사바나의 여인들'······.* 그 여인들을 낳은 도시, 우아하고 꿋꿋한 엘런의 도시에서 『바람과 함께 사라지다』 투어를 마무리했다.

> Ellen O'Hara was different, and Scarlett regarded her as something holy and apart from all the rest of human-kind. When Scarlett was a child, she had confused her mother with the Virgin Mary, and now that she was older she saw no reason

* 외래어 표기법에 따르면 Savannah는 '서배너'이지만, 현지 사람들은 '사바나'에 가깝게 발음했다. 이 글에서는 외래어 표기법을 따랐지만 '사비니의 여인들'의 '사비니'와 발음이 비슷하다는 걸 강조하기 위해 이 문장에서만은 '사바나'라고 표기한다.

자크루이 다비드, 「사비니의 여인들」,
캔버스에 유채, 385×522cm, 1799년, 루브르박물관.

for changing her opinion. To her, Ellen represented the utter security that only Heaven or a mother can give. She knew that her mother was the embodiment of justice, truth, loving tenderness and profound wisdom—a great lady.

엘런 오하라는 달랐다. 스칼렛은 엘런을 뭔가 거룩하고 여타의 인간과는 다른 존재로 여겼다. 어린 시절 스칼렛은 어머니와 성모 마리아를 헷갈리곤 했는데, 자라서도 굳이 그 생각을 바꿀 이유를 찾지 못했다. 스칼렛에게 엘런은 천국이나 어머니만 줄 수 있는 온전한 안전함의 표상이었다. 그녀는 어머니가 정의, 진실, 애정어린 다정함, 그리고 심오한 지혜의 화신이며, 진정한 의미의 귀부인이라는 사실을 알고 있었다.

Part 3.

태양 가득히

Walt Disney
World

디즈니 그림 명작
월드 디즈니(Walt Disney, 1901~1966)

월트 디즈니는 말했다. "There is more treasure in books than in all the pirates' loot on Treasure Island(보물섬의 해적 전리품보다 책 속에 더 많은 보물이 있다)." 우리집 책장에는 일곱 권의 계몽사판 '디즈니 그림 명작'이 꽂혀 있다. 『추위를 싫어하는 펭귄』『신데렐라』『잠자는 공주』『피터 팬과 웬디』『엉터리 살림꾼 구피』『덕 할머니와 게으름쟁이들』『두꺼비 토드의 모험』……. 어릴 적 좋아했던 책 위주로 헌책방에서 어렵게 구했는데, 모두 1990년 중판이 발행된 구판舊版이다. 디즈니 그림 명작의 원제는 'Disney's Wonderful World of Reading(디즈니의 신나는 책읽기 세상)'. 디즈니가 어린이들에게 읽기 습관과 독해 능력을 길러주겠다는 목표로 기획해 미국 랜덤하우스에서 1973년부터 1996년까지 출간한 전집 도서로, 우편 구독 방식으로 배포되었다. 시리즈 첫 권은 『백설공주와 일곱 난쟁이』. 헌책방에 간간이 매물로 나오는 계몽사판 '디즈니 그림 명작'은 구판과 신판新版으로 나뉜다. 구판은 1980년 계몽사가 월트 디즈니 프로덕션과 계약해 총 60권으로 내놓았다. 이후 계몽사는 1997년에 구판을 절판하고 1998년에 『인어공주』『알라딘』『미녀와 야수』 등이 새롭게 포함된 신판을 발매했다.

언뜻 생각하면 신판이 새 책이니 더 인기 있을 것 같지만 헌책 시장은 그렇게 돌아가지 않는다. '디즈니 그림 명작'은 1980년대 유년기를 보낸 이들을 위한 추억 상품이므로 어릴 적 추억이 묻어 있는 구판이 훨씬 인기가 있다. 구판과 신판이 표지 디자인, 삽화, 콘텐츠 구성 등에서 차이가 있기 때문. 아동은 글보다 그림에 더 빨리 반응하며 기억을 형성하기 때문에 성인 독자들은 삽화가 바뀐 신판을 '어릴 적 그 책'이 아니라고 인식한다. 2025년 6월 현재 중고시장에서 60권 전질이 구판은 98만 원, 신판은 30만 원 선에 거래된다. 이런 인기에 힘입어 2019년 복간 한정판이 나왔는데 디즈니와 정식 라이선스 계약을 맺지 않아 저작권 문제로 법적 분쟁을 겪었다.

9 꿈과 희망의 세계, 디즈니월드

'올랜도에 가면 괜찮아질거야, 올랜도에 가면.' 두 시간도 채 못 자고 일어나 혼미한 정신으로 씻고, 옷 입고, 화장하고, 공항 갈 채비를 하면서 간밤의 괴로웠던 일을 떨쳐버리려 중얼거렸다. 올랜도에 가면 괜찮아질 거라고, 그래도 올랜도에 가니 다행이라고.

몸은 뉴욕에 와 있었지만 서울에 남겨두고 온 인간관계는 현재진행형이었다. 각자의 입장에서 비롯된 다툼, 난무하는 비방 속에서 나는 어느 쪽 편도 들지 못하고 우왕좌왕했다. "왜 너는 무조건적으로 내 편을 들어주지 않느냐"며 비난을 퍼붓는 상대와 전화로 한참 다툰 후 인간관계에 진절머리가 난 참이었다.

그 와중에도 자정 넘어서까지 맹렬히 작업한 원고를 출판사에 넘겼다. 이 책의 전신前身인 『바람과 함께, 스칼렛』 초고다. 원고 마감 시한을 넘겼다는 죄책감과 불안감이 생선가시처럼 목에 걸려 귀국이 가까워오자 매일 잠을 설쳤다. 그러다 겨우 첫 문장을 쓰기 시작해 나흘간 먹고 자는 시간 외엔 책상에만 바짝 붙어 앉아 200자 원고지로 540매 정도를 썼다. 새벽에 이메일 전송 버튼을 눌렀다.

그리고 올랜도에 왔다.

플로리다주 올랜도의 디즈니월드는 미국 연수를 하며 여행지 후보로 떠올렸던 여러 도시 중 가장 가볼 법하지 않은 곳이었다. 놀이공원에 대해서는 오랫동안 회의적이었다. 순간의 쾌락, 그것도 기획된 쾌락을 위해 왜 돈을 지불해야 하는지 알 수 없었다. 그렇지만 아메리카대륙을 마음껏 여행할 수 있는 날도 시한이 얼마 남지 않았다는 사실이 궤도를 벗어난 일을 하도록 나를 부추겼다.

6월 말이 되어 귀국이 두 달도 채 남지 않게 되었을 때, 비슷한 시기에 미국으로 연수온 친구와 회사 동료들이 나만 빼고 다 올랜도에 다녀왔다는 걸 알게 되었다. 물론 그들에게는 아이가 있으니 당연하다 생각됐지만 여행 이야기를 듣자니 오히려 아이보다 본인들이 더 즐기고 온 듯했다. 왠지 혼자만 '물먹는 것' 같은 느낌, 그러니까 낙종한 것 같은 느낌이 들었다. (언론계 은어로 '도쿠누키'라고 한다.) 그렇지만 굳이 놀이동산을 가야 할까? 그것도 혼자서? 고민하다 올랜도를 다녀온 룸메이트 소진과 아사미에게 조언을 구했더니 둘은 입을 모아 말했다. "혼자라도 가세요." 그리고 덧붙였다. "디즈니만 가지 말고, 유니버설 스튜디오도 가세요."

그래서 귀국을 단 2주 앞둔 시점에 여행을 '질렀다'. 비행기 표를 끊고 3박 4일간 머무를 호텔을 예약했다. 디즈니월드 내부에 리조트가 있지만 비싸서 포기하고 인근 쇼핑몰인 디즈니 스프링스Disney Springs의 저렴한 호텔을 골랐다. 아침식사 때 미키 마우스 모양 와플을 직접 구워먹을 수 있다는 곳이었다. 살면서 특정 캐릭터에 열광해본 적도 없고, 그런 유의 아기자기함과는 스스로 거리가 멀다고 생각했는데, 막상 여행 준비를 시작하니 미키 마우스에 설레는 이 마음은 뭐지? 이것이 디즈니의 힘인 걸까?

※

 1980년대 대한민국의 어린이였던 나는, 또래들과 마찬가지로 디즈니의 세례를 받고 자랐다. 영상물보다 책에 더 익숙했다. 계몽사에서 출간된 60권짜리 '디즈니 그림 명작'이 내가 유치원생 무렵 유행하던 전집이었다.
 어릴 적 엄마는 '신데렐라' '백설공주' 같은 이야기를 들려주었고, 그 이야기들이 녹음된 동화 테이프도 여러 번 들었지만 구전의 세계에서 문자의 세계로 옮겨온 나를 맞이한 건 디즈니였다. '디즈니 명작'으로 『신데렐라』를, 『백설공주』를, 『잠자는 숲속의 공주』를, 『피터 팬』을, 『곰돌이 푸』를, 『아기코끼리 덤보』를 처음 읽었다.
 좀더 나이를 먹은 후 글밥이 더 많은 다른 책으로 다시 읽기는 했지만 첫 기억이 디즈니였기 때문에 아직도 백설공주를 생각하면 커다란 흰 칼라가 달린 푸른색 부푼 소매 윗옷과 노란색 스커트, 검은 단발머리에 빨간 리본을 맨 발그레한 볼의 소녀가 떠오른다. 신데렐라를 떠올리면 그가 무도회에서 입은 하늘색 드레스와 틀어 올려 헤드폰 같은 머리띠로 고정시킨 헤어스타일이 반사적으로 생각나고.

올랜도 디즈니월드 입구.
미키 마우스와 손을 잡은 월트 디즈니 동상이 서 있다.

'디즈니 그림 명작' 중 내가 가장 좋아했던 책은 『추위를 싫어하는 펭귄』이었다. 추위를 싫어해 친구들에게 놀림받던 펭귄 파블로가 뗏목을 타고 남극을 떠나 따뜻한 나라로 간다는 이야기인데, 마침내 열대의 섬에 도착해 바나나를 따먹은 파블로가 던지는 마지막 대사, "다시는 춥지 않을 거예요"가 오래오래 기억에 남았다.

어른이 된 나는 온·오프라인 헌책방을 모조리 뒤져 절판된 계몽사 '디즈니 그림 명작' 구판 중 어릴 때 좋아했던 책들을 수집했다. (그 이야기는 졸저 『어릴 적 그 책』에 있으므로 자세히 적지는 않겠다.) 내가 성인이 된 이후 디즈니가 어린이들에게 성역할과 인종에 대한 고정관념을 심어준다는 비판이 쏟아졌다. 일리 있는 이야기라 생각하면서도 여전히 디즈니를 좋아했다. 엄밀히 말하자면 디즈니가 어린 내게 열어준 이야기의 세계를 좋아했다.

디즈니 애니메이션 「인어공주」를 처음 본 건 중학교 1학년 때인 1992년이었다. 엄마는 미국에 이민 갔다 돌아온 친구분에게 부탁해 「인어공주」와 「미녀와 야수」 비디오테이프를 구해왔다. 자막도 없는 그 비디오테이프를 영어 공부한답시고 여러 번 봤다. 원작과 달리 해피엔딩으로 끝나는 이야기. 엄마는 "「인어공주」가 비극으로 끝나는 게 싫었는데 디즈니 버전은 슬프지 않아 좋다"고 했지만 예나 지금이나 원작주의자인 나는 왕자의 사랑을 얻지 못해 물거품이 된 인어공주가 공기의 정령이 되는 안데르센의 원작을 더 좋아했다.

디즈니의 「인어공주」는 해피엔딩이라 유쾌했다. 그렇지만 원작의 슬픔, 그 슬픔에서 오는 어떤 자극, 어쩌면 쾌감과도 맞닿아 있는 묘한 느낌이 훼손되어 있었다. 몇 년 전 『인어공주』를 진지하게 다시 읽었다. 네 살짜리 딸에게 『인어공주』를 읽어주던 친구에게서 "이렇게 결말이 슬픈 이야기인 줄은 몰랐어. 네 살이 이해하기엔 너무 슬픈 이야기야"라는 말을 들은 게 계기였다. "나도 네 살 즈음에 『인어공주』 이야길 처음 들었는데, 아이가 이해할 수 있는 슬픔이라는 게 있어. 그래서 안데르센이 훌륭한 거고"라 답하고선 명절을 맞아 본가에 내려간 김에 어릴 적 읽었던 『인어공주』를 꺼내 보았다.

 삶의 비의悲意를 아는 작가인 안데르센의 이 이야기에서 인간이 되고 싶어하는 인어공주에게 요술할멈은 말한다. "너는 꼬리와 지느러미를 버리고, 다리를 얻고, 거기다 왕자의 사랑까지 얻기를 바라는 거냐. 결국 너는 그 소망 때문에 불행해질 텐데, 바보 같은 것." 어릴 땐 사악한 마녀의 심술쯤으로 여겼던 말이, 그날의 내게는 아프게 다가왔다. 모든 걸 다 가지고 싶어해서는 안 된다는 것, 그런 욕망은 반드시 대가를 치르게 된다는 것, 사랑은 쌍방향이 아니라는 것, 삶은 때론 공정하다기보다 잔인하다는 것, 그렇지만 욕망 때문에 불행해지더라도 욕망하는 순간이 찾아오기도 한다는 걸 알아버렸기 때문에. 『인어공주』는 결국 욕망과 좌절, 그리고 좌절로 인한 분노의 승화에 대한 이야기다. 네 살짜리가 이해하기에는 어려운 이야기인지도 모른다. 그러나 네 살짜리도 언젠가 알게 될 이야기일 것이다.

※

　뉴욕에서 올랜도까지는 비행기로 두 시간 반, 올랜도공항에 착륙하자마자 우버를 불러 유니버설 리조트부터 갔다.

　올랜도 유니버설 리조트에는 테마파크가 여럿 있지만, 도착했을 때는 이미 오후 3시 30분이라 모험과 판타지를 주제로 한 아일랜드 오브 어드벤처Island of Adventure 한 곳만 보기로 하고 테마파크 한 군데만 들어갈 수 있는 1일권을 끊었다. 비용 때문에 고민하다가 인기 있는 놀이기구를 줄 안 서고 탈 수 있는 익스프레스 패스도 끊었는데 돌이켜보면 시간이 돈인 여행자 입장에서 탁월한 선택이었다.

　7월의 플로리다라니 굉장히 더울 걸 예상했지만, 생각보다 크게 덥지 않았고, 일요일 오후라 그런지 예상보다 사람도 없었다. 잠을 못 자 비몽사몽중에 놀이기구를 타면서 '쾌락이란 공포와 맞닿아 있는 것인가' 같은 쓸데없는 생각을 했는데 롯데월드 자이로드롭처럼 위로 쑥 올라갔다가 급강하하는 놀이기구를 탈 때는 너무 무서워서 그런 생각마저 몽땅 잊어버렸다. '해리 포터'를 테마로 한 놀이기구들이 무척 인기였지만 그다지 인상적이지 않았다. 하지만 그건 순전히 내가 『해리 포터』를 읽지 않았기 때문이었다. 해리 포터와 친구들이 좋아하는 음료라는 버터비어를 홀짝거리며 생각했다. '해리 포터'에 열광하는 수많은 사람은 내가 『바람과 함께 사라지다』의 스칼렛을 좇아 애틀랜타에 갔을 때랑

잠을 못 자 비몽사몽 중에 놀이기구를 타면서 '쾌락이란 공포와 맞닿아 있는 것인가' 같은 쓸데없는 생각을 했다.

비슷한 심정이겠지? 그 사람들에게는 애틀랜타의 마거릿 미첼 하우스가 아무 의미 없는 공간일 수도…….

래프팅 보트를 타고 급류를 떠내려가다 오래간만에 물에 흠뻑 젖은 생쥐 꼴이 되어보기도 하고, 짜릿한 비명을 내지르며 롤러코스터도 타고, 놀이공원 갈 때마다 빼먹지 않는 회전목마도 타며 열심히 놀고 있는데 출판사에서 답장이 왔다. 뭐 이렇게 마감을 빨리 하냐며, 저자들 마감이 늦는 것이 다반사라 지금쯤 원고가 올 거라고 기대도 안 했다는 내용이었다. 어째 독촉하지 않는다 했다. 괜히 노심초사하고 있었던 것이다. 모든 걸 잊고 실컷 놀다 가기로 결심했다. 내일은 디즈니다.

※

기대했던 미키 마우스 와플은 올랜도를 떠나는 날 아침에야 먹을 수 있었다. 올랜도에서의 둘째 날에도, 셋째 날에도 첫 셔틀을 타고 개장 시각에 맞춰 디즈니월드에 가려니 아침을 먹을 새가 없었다. 매일 개장 시각에 디즈니월드에 들어가서 저녁도 굶고 놀다가 자정에 호텔로 복귀했다. 정말 가열차게 놀았는데, 직전에 원고 쓴다고 진을 뺀 보상심리가 작용해 더 그랬던 것 같다.

혼자 놀이공원에 가본 적이 없어서 외로울까 걱정했는데 막상 가보니 혼자라 더 편했다. 나는 한참을 줄 서서라도 타고 싶은 놀이기구는 다 타보는 부류의 인간인데, 맞지 않는 사람과 같이 가면

눈치보느라 하고픈 걸 다 하지 못해 불만이 쌓였을 것 같다. 혼자 간데다 시간도 넉넉해서 궁금했던 놀이기구를 몽땅 타볼 수 있었다. 놀이공원에 열광하는 성격도 아니면서 굳이 다 경험해본 건 어느 정도는 취재라 생각하고 임했기 때문이었다.

    어느 순간부터 읽어서 지식을 쌓는 건 한계가 있고 몸으로 경험치를 쌓는 게 중요하다는 생각이 들었다. 미국에서 보내는 1년을 인생 후반부에 요긴하게 쓰일 경험을 쌓는 데 몰두하자고 결심했다. 2009년 LA 유니버설 스튜디오에 가봤고, 2014년에는 도쿄 디즈니랜드에 가봤지만 '놀이동산의 도시' 올랜도도 온전히 겪어보고 싶었다. 언젠가 디즈니에 대해 기사를 쓸 일이 있을지도 모르는데 올랜도에 가본 기자와 가보지 않은 기자의 글은 미세한 부분에서라도 차이가 날 거라고 믿었다.

    올랜도 디즈니월드에는 네 개의 테마파크가 있다. 신데렐라성이 있는 동화 속 나라 매직 킹덤, 동물원 테마파크 애니멀 킹덤, 미래 도시 엡콧EPCOT, 그리고 디즈니 영화를 테마로 한 할리우드 스튜디오. 이 테마파크들은 너무 넓어서 하루에 하나 보기도 쉽지 않았는데, 내가 디즈니에 투자하기로 한 건 단 이틀. 디즈니에 왔으니 매직 킹덤이야 당연히 가는 거였지만 나머지 셋 중 뭘 볼지 고민이었다. 이미 디즈니월드에 다녀간 친구들과 상담 후 첫째 날은 매직 킹덤에 투자하고, 다음날은 엡콧과 애니멀 킹덤에 가기로 했다.

    내가 올랜도를 여행한 2017년 여름, 유니버설 스튜디오는 익스프레스 패스를 따로 판매했지만, 디즈니월드는 티켓만 사면

줄 안 서고 놀이기구를 탈 수 있는 패스트 패스를 하루 세 개까지 쓸 수 있게 해줬다. 이 패스트 패스를 어떻게 사용하느냐가 관건이었다. 호텔에 상주하던 디즈니월드 티켓 판매 직원과 상담한 결과, 첫날에는 우주여행을 테마로 한 롤러코스터인 스페이스 마운틴, 물속으로 떨어지며 급강하하는 스플래시 마운틴, 서부 개척시대 금광 열풍을 테마로 한 롤러코스터 빅 선더 마운틴 세 개를 예약했다. 가장 인기 있는 어트랙션이라고 해서 예약했는데 스페이스 마운틴은 개장 직후라 줄이 없어서 그냥 탔고, 빅 선더 마운틴은 스콜이 한바탕 쏟아진 직후에 줄이 없는 틈을 타 그냥 탔다. 결국 스플래시 마운틴과 피터 팬과 웬디의 모험을 소재로 한 '피터 팬의 비행'에 패스트 패스를 사용하고 나머지 한 장은 쓰지 못했다.

막상 현장에서 줄이 가장 길었던 건 '백설 공주'의 일곱 난쟁이 광산을 소재로 한 롤러코스터였다. 뒤늦게 이 어트랙션의 인기를 깨닫고 예약하려 했을 땐 그날 그 기구에 배당된 패스트 패스는 이미 다 판매된 후라 결국 50분 정도 줄을 서서 타야 했다. 기대에 비해 짜릿함이 없었는데 알고 보니 어린 아이들도 탈 수 있을 만큼 '순한 맛'이라 가족 단위 관광객들에게 인기가 많았던 것이었다.

디즈니 프린세스를 연기하는 배우들과 대화를 나누고 함께 사진을 찍을 수 있는 프린세스 페어리테일 홀에서 신데렐라를 만나 유리구두를 보여달라 하고, '미녀와 야수'를 비롯한 여러 주인공이 등장하는 퍼레이드를 구경하는 것도 재미있었지만,

언젠가 디즈니에 대해 기사를 쓸 일이 있을지도 모르는데 올랜도에 가본 기자의 글과 가보지 않은 기자의 글은 미세한 부분에서라도 차이가 날 거라고 생각하며 부지런히 다녔다.

이날의 하이라이트는 신데렐라성 앞 광장에서 해가 진 뒤 펼쳐진 불꽃놀이쇼 '영원히 행복하게Happily Ever After'였다. 익숙한 디즈니 애니메이션 주제곡이 흘러나오는 가운데 신데렐라성을 스크린 삼아 프로젝터로 쏘아올린 디지털 이미지가 끊임없이 펼쳐졌다. '미녀와 야수'의 벨, 라푼젤 등 다양한 디즈니 캐릭터들이 등장해 행복한 결말에 이르는 여정을 보여줬다. 성은 불타오르기도 하고, 물결처럼 흐르기도 하며 색색깔로 빛나면서 이야기의 여러 장면을 투영했다. 불꽃과 조명, 음악과 스토리가 완벽하게 결합한 쇼였다.

클라이맥스는 '피터 팬'의 주제곡 「너는 날 수 있어You Can Fly」가 흐를 때였다. 푸른빛과 은색 조명에 둘러싸인 신데렐라성 오른편 첨탑 꼭대기에서 자그마한 문이 살짝 열리고 형광 연두색 드레스를 입은 요정 팅커벨이 은빛 가루를 뿌리며 광장을 향해 미끄러지듯 날기 시작했다. 넋 나간 듯 쇼를 보고 있을 때는 조명으로 요정 효과를 낸 거라고 생각했는데, 나중에 알고 보니 진짜 배우가 팅커벨 분장을 하고 와이어에 의지해 활강한 거였다.

초등학생 때 「피터 팬」 뮤지컬을 본 적이 있다. 피터 팬을 사랑했기에 질투심에 불타 웬디를 미워하던 팅커벨은 피터 팬 대신 독을 마시고 생명이 위태로워진다. 죽음 직전의 팅커벨 곁에서 피터 팬은 객석의 어린이들에게 묻는다. "너희는 요정이 있다는 걸 믿어? 믿는다면 박수를 쳐줘. 팅커벨이 다시 살아날 수 있게." 어린이들은 있는 힘껏 박수를 치고, 죽어가던 팅커벨은 믿음의 힘으로 다시 살아난다. 그날, 올랜도의 디즈니월드에서 팅커벨의 비행을 보며

신데렐라성 앞 광장에서 해가 진 뒤 펼쳐진 불꽃놀이쇼 '영원히 행복하게'.

요정을 살리기 위해 진심을 다해 박수치던 어린 날을 떠올렸다. 그 순간만은 어떤 잡생각도 끼어들지 않은 순도 100퍼센트의 행복을 누렸다. 행복한 결말의 이야기란 진심을 다해 그를 믿는 순수한 이들에게만 주어지는 선물인지도 모른다.

*

다음날은 대부분 애니멀 킹덤에서 보냈다. 셔틀버스를 타고 엡콧에도 잠시 들렀지만 대전 엑스포 과학관 같은 느낌이 내 취향이 아니라 다시 애니멀 킹덤으로 복귀했다. 패스트 패스를 예약해둔 '익스페디션 에베레스트Expedition Everest'를 타러 갔다. 히말라야 탐험가가 되어 에베레스트를 올라 전설 속 설인雪人 예티를 만나는 스토리 라인의 롤러코스터인데 입장을 기다리던 중 갑자기 스콜이 쏟아졌다. 7월의 올랜도에서는 흔한 일. 번개 때문에 감전 위험이 있어 야외 놀이기구가 몽땅 문을 닫았다.

한 시간쯤 비를 그으며 기다렸지만 아무래도 상황이 나아질 기미가 보이지 않아 〈라이언 킹〉 공연을 보러 갔다. 어린이용이라 기대 않았는데 예상외로 훌륭했던 공연이 끝난 후 '킬리만자로의 사파리' 체험을 했다. 어린애도 아닌데 동물 구경이 뭐 그렇게 재미있을까, 했던 나의 선입견은 사파리가 시작되자마자 곧 깨졌다. 관람객을 여럿 태운 뚜껑 없는 지프차가 흙탕물을 튀기며 막 비가 그친 열대의 초원을 달렸다. 아프리카 사바나를 재현한

디즈니월드 애니멀 킹덤의 상징 조형물 '생명의 나무'. 줄기와 뿌리, 가지 곳곳에 300종이 넘는 동물 형상이 정교하게 새겨져 있다(위).

사파리중에 만난 기린(아래)

하람베 야생 보호구역이다. 아기 기린이 경중경중 뛰어가며 나무 잎사귀를 씹어 먹었다. 진흙투성이 하마가 쉬고 있는 게 보였다. 바위 위에는 사자들이 느긋하게 엎드려 있었다. 그 위로 무지개가 떴다. 그래, 나는 어릴 때부터 동물을 좋아했다. 동물은 내 삶에 들어온 최초의 타자他者였다. 어린이는 동물을 통해 다른 종種과 그 세계를 이해하는 법을 배운다. 월트 디즈니 역시 나 못지않게 동물을 좋아했다. 그의 세계에서는 지저분한 생쥐가 귀여운 미키 마우스가 되었고, 아기 코끼리 덤보는 큰 귀를 펄럭이며 하늘을 날았으며, 흉포한 곰은 꿀통을 탐내는 사랑스러운 아기곰 푸로 거듭났다. 월트 디즈니는 어쩌면 쥐와 도마뱀과 호박을 말과 마부, 마차로 변신시킨 신데렐라의 요정 대모 같은 존재가 되고 싶었던 건지도 모른다. 선의를 가진 이에게는 온 세상이, 미물조차도 선의를 가지고 대한다는 마법을 실현하는 것이 디즈니의 꿈 아니었을까?

그날 디즈니월드에서, 그림 명작을 사주어 내게 디즈니의 세계를 처음 열어준 엄마를 생각했다. 백설공주, 신데렐라, 인어공주, '미녀와 야수'의 벨…… 디즈니의 여주인공들은 대개 어린 시절 엄마를 잃었다. 그렇지만 그 소녀들은 엄마의 보살핌 없이도 세상의 파도를 꿋꿋이 이겨내고 독립적인 인간으로 성장한다. 디즈니를 일컬어 여자아이들에게 남성의 구원만을 기다리는 수동적인 '공주' 이미지를 주입한다는 비판도 있지만, 어디 그 공주들이 나약하기만 했던가. 디즈니가 택한 이야기들은 대개 엄마 품을 벗어나 어엿한 어른이 되는 소녀들의 성장담이고, 그래서 그 이야기를 듣고 자란

비옷을 입고 마음껏 빗속을 돌아다니다 무지개를 본 것이 결국 올랜도에서
경험한 최고의 어트랙션이었다.

어린이들은 성인이 되어 험한 세상을 버텨낼 힘을 지니게 되는 것이다.

　뉴욕에 다니러 온 엄마와 나이아가라폭포를 보러 갔을 때, 엄마는 한인 여행사의 패키지 투어에 함께 참가한 아주머니가 입은 비옷을 보고 쓸모 있겠다며 감탄하더니 그분께 남대문시장의 판매상 연락처를 알아내 사서 부쳐주었다.

　굳이 필요 있을까 싶었던 그 카키색 비옷 덕에 이틀간의 스콜 속에서도 젖지 않고 잘 놀았다. 디즈니에서 미키 마우스가 그려진 비닐 판초를 꽤나 비싼 값에 팔고 있었지만, 한국에서 온 폴리에스테르 비옷은 비닐 판초와는 비교도 되지 않게 튼튼했다. 돌이켜보면 엄마는 어릴 때부터 내게 비가 올 때 우산을 가져다주는 사람이 아니라 비가 내릴 때를 대비해 비옷을 사주는 사람이었다. 최소한의 보호막을 갖춰주되 그를 사용하는 건 자율에 맡겼고, 그릇된 판단으로 비를 맞게 되었을 때 책임은 온전히 내가 져야만 했다. 갑작스레 비가 쏟아지던 날, 우산을 학교에 가져다주는 친구 엄마들을 볼 때면 서운하기도 했지만, 나는 그 덕에 스스로 일기예보를 살피고 우산을 챙기는 독립적인 인간으로 자랐다.

　그날, 비옷 덕에 거추장스러운 우산 없이 두 손 자유롭게 비를 맞고 돌아다닐 수 있었다. 오래간만에 비를 맞는 게 좋았다. 야외 어트랙션이 중지된 건 아쉬웠지만 곧 재개되었고, 무엇보다도 비가 내리지 않았다면 아름다운 무지개를 볼 수도 없었겠지……. 비옷을 입고 마음껏 빗속을 돌아다니다 무지개를 본 것이 결국 올랜도에서 경험한 최고의 어트랙션이었다.

*

　신나게 여행을 즐기는 한편 디즈니월드에서 '이곳에 어린이를 데리고 오는 것이 바람직한가' 여러 번 생각했다. 특히 신데렐라, 엘사 등이 등장한 퍼레이드를 볼 수 있었던 매직 킹덤에서 그런 생각이 들었다. 애니메이션 캐릭터와 똑같은 모습, 똑같은 옷을 입은 인물들이 연기하는 걸 현실에서 마주치는 일은 환상의 세계를 현실에서 경험한다는 즐거움을 주었지만 층위가 없는 한 꺼풀짜리 체험이기도 했다.
　디즈니월드가 『위대한 개츠비』나 『빨강 머리 앤』 같은 책 속 장소를 찾아가는 여정에 비해 덜 흥미로웠던 건 상상력이 개입할 여지가 그다지 없었기 때문이다. 간절히 마음속으로 그리던 이미지의 실체를 만나는 일이 그곳에서는 없었다. 이미 알고 있는 이미지를 삼차원으로 치환해 만나는 일은 입체적인 것 같지만 평면적이었다. 독서보다 영상에 길들여진 요즘 아이들이 잃어가는 건 결국 마음속으로 그리는 힘, 심상이 아닐까. 『백설공주』나 『신데렐라』를 읽거나 이야기를 들었던 아이가 디즈니월드에서 얻는 것과 디즈니 애니메이션만 본 아이의 경험은 차원이 다를 것이다.
　디즈니가 선풍적인 인기를 얻은 건 사람들이 오랫동안 마음속에서 그려왔던 이미지를 애니메이션으로 구현해 보여주었기

월트 디즈니는 책을 좋아하는 사람이었고 "보물섬보다 책 속에 더 많은 보물이 있다"고 말했다는데, 그런 그의 작품이 상상력을 앗아갈 수 있다는 이 아이러니. 그럼에도 불구하고 디즈니에 끌리고, 디즈니를 사랑할 수밖에 없다.

때문인데 세상의 수많은 사람들 마음속에 똑같이 생긴 피터 팬과 백설공주와 신데렐라가 있다는 건 어쩌면 참 지루한 일일지도. 막상 월트 디즈니는 책을 좋아하는 사람이었고 "보물섬보다 책 속에 더 많은 보물이 있다"고 말했다는데, 그런 그의 작품이 상상력을 앗아갈 수 있다는 이 아이러니. 그럼에도 불구하고 디즈니에 끌리고, 디즈니를 사랑할 수밖에 없다는 역설은 디즈니로 변환된 캐릭터의 매력 때문인 걸까, 아니면 어릴 적 추억 때문인 걸까.

  올랜도 여행을 한 지 여러 해가 지났다. 디즈니는 여전히 내 곁에 있다. 디즈니플러스에 가입해 우울하거나 심심할 때마다 디즈니 애니메이션을 한 편씩 본다.「인어공주」와「미녀와 야수」「알라딘」의 사운드트랙을 듣는다. 가끔씩 스콜이 그친 후 신데렐라성 위에 떴던 쌍무지개, 신데렐라성 앞 광장에서 불꽃놀이를 기다리던 순간을 떠올린다. 반짝이는 연둣빛 팅커벨이 날아오를 때 저절로 터져나오던 탄성, '마법 같은'이라는 단어보다 '매지컬magical'이라는 단어가 더 어울리는 그 장면이 '행복'이라는 두 글자와 함께 머릿속에서 불꽃처럼 팡팡 터진다. 나는 디즈니에 세뇌된 것이 틀림없어, 되뇌며 한숨을 내쉬지만 어쩐지 싫지 않다. 그렇지만 올랜도에 가기 직전 전화로 싸운 상대와는 끝내 화해하지 않았다. 현실의 인간사는 디즈니의 마법으로도 해결할 수 없이 복잡다단한 것이다.

A Rose for Emily

에밀리를 위한 장미
윌리엄 포크너(William Faulkner, 1897~1962)

포크너 기행을 하려고 뉴올리언스에 간 것은 아니었다. '재즈의 도시'로 잘 알려져 있는 뉴올리언스에, 음악에 그다지 관심이 없으면서 굳이 여행을 간 건 『바람과 함께 사라지다』 기행의 연장선상에서였다. 스칼렛과 레트가 신혼여행을 간 곳이었기 때문이다. 이 매력적인 부부가 신혼여행지로 택한 도시라니 재미있는 곳일 것 같았다. 그런데 그 도시에서 내가 떠올린 건 포크너의 「에밀리를 위한 장미」였다.

뉴올리언스 중심가인 프렌치쿼터 한 모퉁이에 있는 서점 '포크너 하우스 북스Faulkner House Books'에 들른 건 우연이었다. 포크너가 살았던 곳에 자리한 그 서점의 아름다움에 취하는 바람에 나는 여행 내내 포크너 생각을 하게 되었다. 고백하건대 포크너의 작품 중 내가 제대로 읽은 것은 「에밀리를 위한 장미」뿐이다. 그렇지만 포크너를 좋아하는 선배가 남부에 가야만 포크너를 제대로 느낄 수 있다는 이야기를 여러 번 해서, 포크너 작품과 미국 남부와의 긴밀성에 대해서는 알고 있었다. 물론 선배는 「에밀리를 위한 장미」 같은 단편이 아니라 『8월의 빛』 같은 대작을 놓고 이야기했었다. 「에밀리를 위한 장미」를 좋아하게 된 것은 순전히 제목에 낚여서였다. 중학생 때 살림출판사에서 나온 『이문열 세계 명작 산책』 중 굳이 이 단편을 읽은 것은 제목이 소녀의 금발머리를 묶은 핑크빛 리본을 연상시켰기 때문이다. 그러나 읽고 보니 독신녀가 애인의 해골과 동침한다는 엽기적인 내용. (역시나 이 작품을 좋아하는 엄마는 내가 결혼을 하지 않겠다고 할 때마다 "너 에밀리처럼 될 거니?" 협박하곤 한다.) 포크너가 중세풍의 이 그로테스크한 이야기를 쓸 수 있었던 실마리를 나는 부두교의 각종 미신과 전설이 살아 숨쉬는 도시, 뉴올리언스에서 찾게 되었다.

10 에밀리에게 장미를, 뉴올리언스에 승리를

　　　　뉴올리언스 프렌치쿼터French Quarter의 한 서점에 앉아 이 글을 썼다. 1925년 윌리엄 포크너가 머물며 첫 소설 『병사의 보수Soldier's Pay』를 썼다는 자리다. 내가 앉은 자리에는 조금 전까지 아름다운 금발의 여자가 앉아 그림처럼 책을 읽고 있었는데, 그녀가 일어서고 내가 앉는 바람에 그만 그 풍경을 망쳐버렸다.
　포크너에 대해서 잘 알지는 못한다. 다만 「에밀리를 위한 장미」를 좋아해 여러 번 읽었는데, 그가 태어난 곳이자 소설의 주된 배경인 미국 남부 도시 중 하나인 뉴올리언스에 와보니 왜 그 소설이 그렇게 으스스한 분위기를 풍겼는지를 알겠다.
　이 도시는 묘한 곳이다. 한마디로 말하자면 종교의 도시다. 가톨릭과 부두교가 살아 있으며 그 종교에서 파생된 생령들이 활기차게 움직인다. 3월이지만 아직은 겨울인 뉴욕에서 날아왔는데, 여기는 낮 최고기온 29도에 가까운 여름이라서 더위에 약한 나는 맥을 추지 못했다.
　낮에 우르술라 수녀원 박물관Old Ursuline Convent Museum에서

정원이 아름다운 우르술라 수녀원 박물관.

1727년 프랑스에서 파견된 우르술라 수녀회 수녀들과 함께 뉴올리언스에 온 승리의 성모상.

신비한 전설을 발견했다. 전날 길 가다 우연히 발견한 박물관인데, 미국의 가톨릭 문화에 관심이 많은 나로서는 반가운 곳이었다. 우르술라 수녀원은 1727년 프랑스 루이 15세가 식민지 여성 교육을 위해 파견한 열두 명의 우르술라회 수녀에 의해 세워졌다. 미국에서 가장 오래된 가톨릭 여성 교육기관이라 한다. 수녀원은 1815년 영국과의 전쟁 때 중요한 역할을 했다. 도시의 여성들은 수녀원에 모여 수녀원의 상징인 성모상 스윗하트sweetheart를 모시고 전쟁에서 이기게 해달라고 밤새 기도했다. 당시 소문은 흉흉했는데 승전에 자신이 없는 앤드루 잭슨 장군이 도시에 불을 지르고 달아날 거라는 소문마저 돌았다.

그렇지만 기도의 힘은 강했다. 전투는 20분 만에 끝났고 잭슨은 전쟁에서 이겼다. 뉴올리언스 시민들은 그것이 신앙의 힘이라 믿었다. 전쟁 전 화재 때도 성모상은 기적을 발휘했는데, 바람이 불길을 수녀원 쪽으로 몰아오자 수녀님 한 분이 성모상을 불길을 향한 창가에 놓고 기도했다 한다. "신속한 구원의 성모님. 서둘러 도와주시지 않으면 저희는 파멸합니다(Our Lady of Prompt Succor, hasten to our help or we are lost)." 그러자 불길의 방향이 즉시 바뀌었다는 것이다.

중세풍의 이런 이야기들이 넘쳐나는 지역이니 「에밀리를 위한 장미」 같은 이야기도 전해내려올 법하다.

When Miss Emily Grierson died, our whole town went to her funeral: the men through a sort of respectful affection for a fallen monument, the women mostly out of curiosity to see the inside of her house, which no one save an old man-servant-a combined gardener and cook-had seen in at least ten years.
에밀리 그리어슨 양이 세상을 떠났을 때 우리 마을 전체가 그녀의 장례식에 참석했다. 남자들은 몰락한 기념비에 대한 존경어린 애정에서 참석했다. 여자들은 대부분 그 집을 구경하고 싶어서 갔다. 정원사와 요리사를 겸한 늙은 하인을 제외하고는 최소 10년간 아무도 그 집 안을 들여다본 적이 없었기 때문이다.

「에밀리를 위한 장미」는 이렇게 시작한다. 미국 남부 가상의 마을 제퍼슨, 유서 깊은 가문의 마지막 후손인 에밀리 그리어슨은 그녀의 구혼자들을 모두 쫓아버린 엄격한 아버지가 세상을 뜬 이후로 40여 년간 혼자 살다 숨진다. 그리어슨 가문은 전통적으로 주민세를 내지 않을 뿐 아니라 여러 특혜를 받아왔고 에밀리 역시 그 가문의 위상에 걸맞게 꼿꼿하고 엄숙하며 마을 사람들과 교유하지 않는 인물로 그려진다.

She was sick for a long time. When we saw her again her

hair was cut short, making her look like a girl, with a vague resemblance to those angels in colored church windows-sort of tragic and serene.
그녀는 오래 앓았다. 우리가 그녀를 다시 보았을 때 그녀는 머리를 짧게 자르고 있어서 마치 소녀처럼 보였다. 그 모습이 채색된 교회 창문의 비극적이고 고요한 천사들을 어렴풋이 닮아 있었다.

아버지의 죽음 이후 에밀리의 인생에도 한 번의 로맨스가 찾아온다. 북부 출신의 공사 감독관 호머 배런이다. 그녀는 종종 그와 함께 마차를 타고 나들이를 했지만 고귀한 그리어슨가의 따님이 북부 출신 양키와 어울린다는 건 보수적인 남부 정서로는 참을 수 없는 일이어서 이내 마을 어른들의 입에 오르내린다.

But there were still others, older people, who said that even grief could not cause a real lady to forget noblesse oblige-without calling it noblesse oblige. They just said, "Poor Emily. Her kinsfolk should come to her."
그러나 아직도 슬픔조차도 진짜 숙녀에게 '노블리스 오블리주'를 잊도록 할 수는 없다고 말하는 어른들이 있었다. '노블리스 오블리주'라고 말하는 대신 그들은 다만 이렇게 말했다. "가엾은 에밀리. 친척들이 그녀에게 와야 하는데."

에밀리가 남성용 화장 도구를 구입했다는 소문이 퍼지자 마을 사람들은 그녀가 곧 호머와 결혼할 거라고 기대하지만 곧 마을에서 호머의 모습은 사라지고 마을 사람들은 그가 에밀리를 떠났다고 생각한다. 이후 에밀리가 쥐잡이용 비소를 구입하자 사람들은 또 한번 '그녀가 자살하려나보다' 생각하지만 그런 일은 일어나지 않았고 에밀리는 일흔네 살까지 살다가 병으로 삶을 마감한다.

에밀리의 장례 후 호기심에 가득찬 사람들이 40년간 아무도 들어가지 못한 2층 방문을 열자 이런 광경이 펼쳐진다.

A thin, acrid pall as of the tomb seemed to lie everywhere upon this room decked and furnished as for a bridal : upon the valance curtains of faded rose color, upon the rose-shaded lights, upon the dressing table, upon the delicate array of crystal and the man's toilet things backed with tarnished silver, silver so tarnished that the monogram was obscured.

무덤에서나 볼 법한 곱고 매캐한 먼지가 신부新婦를 위한 방처럼 꾸며진 방 전체를 덮고 있었다. 빛바랜 장밋빛 침대 휘장 위에도, 장밋빛 전등갓 위에도, 화장대 위에도, 섬세한 크리스털 장식품과 뒷면에 새겨진 주인의 이름을 알아보기 힘들 만큼 변색된 은제 남성용 화장 도구 위에도.

그리고 침대 위에는 잠옷을 입고 활짝 웃으면서 포옹하는 자세의 남자 해골이 누워 있었는데 해골 옆 베개의 먼지 속에서 누군가가 기다란 철회색 머리카락을 집어 올린다. 세월과 함께 에밀리의 머리를 뒤덮었던 그 철회색 머리카락을.

   뉴올리언스에는 또 이런 이야기도 있다.

   뉴올리언스 중심에 있는 잭슨스퀘어Jackson Square 양옆에는 퐁탈바 빌딩Pontalba Buildings이라는 우아한 스페인풍 건물이 서 있는데 이 건물의 설립자는 퐁탈바 남작 부인Baroness de Pontalba 으로 더 잘 알려진 미카엘라 알모네스터Micaela Almonester라는 여성이다. 스페인 가문의 부유한 상속녀인 그녀는 프랑스 퐁탈바 남작 가문의 사촌과 결혼해 파리 근교의 성으로 떠난다. 그녀가 가져온 지참금이 적다고 불만을 품은 시아버지는 그녀를 탑에 감금하고, 나중에는 심지어 지참금을 요구하며 그녀에게 총 네 발을 쏜다. 다행히 목숨은 건졌지만 그녀는 왼쪽 가슴이 망가지고 손가락 두 개를 잃었고, 시아버지는 그날 밤 자살한 시체로 발견된다. 그러나 그 덕에 미카엘라는 남편으로부터 법적 격리 조치를 얻어내 뉴올리언스로 돌아왔고, 집 짓고 사업하며 사교계의 아이콘으로 살았다고 한다. 서배너에서도 느꼈던 거지만 미국 남부 여성들은 참으로 강인하다.

   뉴올리언스 사람들은 남부 사람답게 친절한데, 수녀원 박물관의 할머니들도 예외는 아니었다. 티켓 파는 할머니는 내게 "결혼 안 했으면 이 수녀원에 결혼식 올리러 또 오라"고 했으며, 가이드 할머니는 나를 붙들고 홍콩에 있다는 손녀 자랑을 한참 했다.

   이 수녀원의 보물인 그 기적의 성모상과 구원의 성모상을 보지

뉴올리언스 잭슨스퀘어 양옆에 세워진 스페인풍의
퐁탈바 빌딩. 사진의 건물이 미시시피강 상류
방면의 어퍼upper 빌딩이고, 그 왼쪽에 잭슨스퀘어를
중심으로 미시시피강 하류에 위치한 로어lower 빌딩이
자리하고 있다.

못한 게 아쉬웠는데, 현재는 시 외곽으로 옮겨간 수녀원에 소장되어 있다고 한다. 우버를 타고 수녀원까지 가볼 것인가 고민하다가 일단 포크너의 눈으로 본 뉴올리언스를 알고 싶어서 포크너의 『뉴올리언스 스케치New Orleans Sketchs』를 구입하고 서점을 나섰다.

＊

다음날 아침부터 천둥번개와 함께 폭우가 쏟아졌다. 11시에 체크아웃하고 숙소에 짐을 맡긴 채 우산을 들고 거리로 나섰다. 한여름 기온이라 비 오면 한국 장마철 같을 줄 알았는데 착각이었다. 여름 원피스에 후드 가디건을 걸쳤는데도 꽤나 추웠다. 게다가 실내에서는 에어컨을 지나치게 세게 틀어서 조금만 앉아 있어도 한기가 들었다.

세인트루이스대성당Saint Louis Cathedral에 정오 미사를 보러 갔다. 미국에서 가장 오래된 성당이라는 이곳의 내부를 보고 싶었는데 전날에는 문이 닫혀서 들어가지 못했었다. 매일 오후 3시까지 개방하는데 늦었던 모양이다.

1달러를 기부하고 성당 안내 브로셔를 집었다. 성당은 프랑스 식민지였던 1718년 예배당으로 세워졌고 1727년 현재 자리에 완공되었는데 1788년 화재로 소실되었다. 성당 재건의 혁혁한 공신은 손가락 두 개가 잘린 용감한 여성 미카엘라의 아버지 돈 안드레스 알모네스터 이 로하스Don Andrés Almonester y Rojas다.

첨탑이 올라간 오른쪽 건물이 세인트루이스대성당이다.

세인트루이스대성당 뒤뜰에 세워진 구세주 예수그리스도상이 밤, 성당 벽에 그림자를 드리우고 있다. 이 예수상은 2005년 허리케인 카트리나 때 손가락 두 개가 날아갔다.

성 루이,
즉 루이 9세의
일생을 그린
세인트루이스대성당의
스테인드글라스 중
루이 9세와
마그리트 왕비의
결혼식 장면.

성 루이(왼쪽)와
잔 다르크(오른쪽)의
조각상.

포크너서점.

뉴올리언스가 스페인령이던 시절 도시의 핵심 인물 중 하나였던 그는 성당에 막대한 돈을 기부해 1794년 스페인식 성당으로 재건한다. 현재의 성당은 1851년 중건된 것이라고 했다. 세인트루이스대성당 뒤편의 세인트안토니의 정원Saint Anthony's Gardens에는 구세주 예수그리스도상이 서 있는데, 2005년 허리케인 카트리나 때 미카엘라처럼 손가락 두 개가 날아갔다고 한다. 주술과 초자연적 체험을 중시하는 부두 전통이 깊게 남아 있어서 그런 것일까. 뉴올리언스에는 이처럼 신비한 이야기들이 많다.

폭우 때문인지 성당 안에는 관광객이 그다지 없었다. 내부는 고요하고 엄숙했다. 안내서에 성당 내부 조각과 그림에 대한 설명이 있어서 찬찬히 돌아볼 수 있었다.

세인트 루이스, 일명 성 루이가 누구인지 궁금했는데 프랑스의 루이 9세였다. 두 차례 십자군원정을 갔다가 8차 원정에서 이질에 걸려 사망한 그는 기독교의 수호자로 추앙받았고 13세기 언제인가 시성諡聖되었다고 한다. 그래서 이 성당의 스테인드글라스는 성 루이의 일생이 그려져 있었다. 성당 입구에는 성 루이 조각상과 함께 한 여성이 서 있었으니, 바로 오를레앙의 성녀 잔 다르크.

뉴올리언스New Orleans가 '새로운 오를레앙'이라는 뜻이라는 걸 나는 기억해냈다. 기독교의 역사란 기본적으로 전쟁의 역사이고, 기독교의 신은 그래서 전쟁의 수호신이다. 전날 갔던 우르술라 수녀원도 이 도시를 전쟁의 승리로 이끌어달라는 기원이 담긴 곳이고, 성모마리아는 승리를 가능케 하는 위대한 모성인 것이다.

12시에 열 명 좀 넘는 신도들을 위해 사제는 미사를 집전했다. 성가도, 파이프오르간도, 헌금도 없는 간략한 미사.

에어컨 바람에 덜덜 떨며 나는 기도했다. Lord, have mercy. Christ, have mercy. 주님 자비를 베푸소서. 그리스도님 자비를 베푸소서. 가엾은 에밀리에게 장미 한 송이를 건네주고 싶었던 포크너와 같은 자비를.

> When her father died, it got about that the house was all that was left to her ; and in a way, people were glad. At least they could pity Miss Emily. Being left alone, and a pauper, she had become humanized. Now she too would know the old thrill and the old despair of a penny more or less.
>
> 에밀리의 아버지가 세상을 뜨고 그녀에게 남긴 것이라고는 집 한 채밖에 없었을 때, 어떤 면에서 사람들은 기뻐했다. 최소한 그들은 에밀리 양을 동정할 수 있게 되었다. 혼자 남겨지고 빈털터리가 되자 비로소 인간답게 느껴지기 시작했다. 이제 그녀도 돈 한 푼 있고 없고에 벌벌 떠는 유구한 긴장과 절망의 세계를 알게 되리라.

The Adventures of
TOM SAWYER

톰 소여의 모험
마크 트웨인(Mark Twain, 1835~1910)

'유유히 흐르는 미시시피강'에 대한 환상을 갖게 된 것은 순전히 초등학생 때 읽은 마크 트웨인의 『톰 소여의 모험』과 『허클베리핀의 모험』 때문이다. 말썽꾸러기 톰 소여가 뛰어노는 곳, 불우하나 씩씩한 소년 헉이 뗏목을 타고 신나는 모험을 나서는 곳. 마크 트웨인이 유년 시절을 보낸 해니벌을 찾아가는 여행은 그래서 『빨강 머리 앤』을 찾아간 프린스에드워드 아일랜드 기행과 또다른 의미로 어릴 적 친구를 만나러 가는 여행 같았다. 앤이 마음속에 오래 품어온 단짝 친구라면, 톰 소여는 장난이 심하지만 악의는 없는, 초등학교 어느 교실에나 하나 있을 법한 남자 친구 같았으니까.
그리고 그 여행에서 톰 소여가 좋아했던 소녀 베키를 다시 발견했다. 아마도 이 책에서 소개하는 여성 캐릭터 중 베키는 가장 존재가 희미한 인물일 것이다. 톰 소여의 활달한 매력에 몰두했던 어린 날에는 미처 베키가 누구인지 생각해볼 여유가 없었다. 게다가 페미니즘의 세례를 받고 자란 나는 베키처럼 수동적인 여성 캐릭터를 좋아하지 않았다. 소년의 마음을 끌기 위해 여성성을 극도로 활용하는 이 새침한 소녀는 그러니까, 말하자면 페미니즘이 찬양하는 적극적이고 진취적인 여성의 적이었다.
나이가 든다는 건 멋진 일이다. 이제 나는 어린 날 좋아하지 않았던 부류의 소녀들, 그러니까 '여성스럽고 얌전한' 소녀들을 이해할 수 있다. 그녀들의 새침함, 그녀들의 내숭, 그녀들의 연약함. 사실 내 안에도 있었지만 '배운 여자' 답지 않다는 이유로 내가 꺼내 보이길 꺼렸던 여성성과 동의어였다. 특정 성 역할을 이야기하는 것은 아니다. 다만 우리가 '남자다움'이라고 할 때 기대하는 어떤 전형이 있듯이, '여자다움'에 기대하는 어떤 전형도, 어느 정도는 진화와 번식을 위한 생물학적인 특성에 근거한다는 이야기를 하고 싶을 뿐이다. 반대 성性을 매료시켜 짝짓기에 기여하는 그 특성을 굳이 이성理性으로 억누를 필요는 없다. 그리하여 나는 이 귀여운 소녀 베키를 진심으로 사랑할 수 있게 되었다.

11 대문호의 노스탤지어, 해니벌

　　　　　　세인트루이스에서 오전 7시 15분 출발하는
그레이하운드 버스를 타고, 미주리주 해니벌Hannibal에 도착한 것은
아침 10시경이었다. 버스에서 내리자 울고 싶은 기분이 들었다.
　명색이 버스 정류장인데 이정표 하나 없는 허허벌판…….
숙소까지 가려고 우버를 부르려 했지만 깡시골이라 우버 따윈
없다. 택시도 눈에 띄지 않는다. 이타카에서 온 친구 S는 허둥대는
내 모습을 보며 혀를 차더니 "야, 이 뉴욕 촌년아. 이런 미국
시골에서는 로컬 택시를 불러야 해"라며 그나마 하나 보이는 인근
패스트푸드점으로 들어갔다. 붙임성 좋은 S가 아무나 붙들고 "택시
어떻게 잡느냐"고 물어봤더니, 해니벌 출신이라는 청년은 곤란한
표정으로 로컬 택시 번호를 가르쳐주며 "그런데 택시가 아주
더러워요"라고 했다.
　지역민이 더럽다고 하는 택시는…… 과연 더러웠다. (이름은
그럴듯하게 '헉스 트랜스포테이션Huck's Transportation'인데 여기서 '헉'은
허클베리 핀의 애칭이다.) 택시라기보다 승합차에 가까운 차가 왔고
문을 열자마자 비료 냄새가 진동했다. 불친절한데다 일할 의지가

해니벌의 거리. 저멀리 미시시피강이 보인다.

없어 보이고 웅얼거려서 무슨 말을 하는지 알아들을 수도 없는 늙은 기사 아저씨가 건성으로 차를 몰았다. 숙소 이름을 댔을 때는 안다고 하더니 사실은 어딘지 알지도 못하고, 20달러짜리 지폐를 요금으로 냈더니 거스름돈이 없다며 막무가내였다. 택시 타는 내내 스티븐 킹 소설 속 연쇄살인범을 마주하고 있는 듯한 기분이 들기도 해서 살짝 무섭기도 했다. 차 트렁크에 시체가 실려 있는 게 아닐까, 하는 상상이 든 것은 아무래도 이 여행을 하기 전 미국 친구들에게 "해니벌에 간다"고 했다가 "우리도 처음 들어보는 도시인데, 그 '해니벌'은 「양들의 침묵」에 나오는 해니벌 렉터 박사의 '해니벌'이야?"라는 질문을 받은 경험 때문인 것 같다.

어쨌든 그런 우여곡절 끝에 도착한 우리 숙소, 가든하우스 베드 앤드 브렉퍼스트Garden House Bed and Breakfast의 문은 잠겨 있었다. 전화를 해도 받지 않아 벨을 몇 번 눌렀더니 부시시한 모습으로 나온 호스트는 대체 왜 너희가 이 시간에 여기 있는지 이해를 못하겠다는 듯한 표정으로 "체크인은 오후 두시"라며 문을 닫아버리려고 하는 게 아닌가. 재빨리 문을 잡고 짐만 놓아두면 안 되느냐 물으니 의아해하며 허락해주었다. 짐을 맡기며 "택시는 어떻게 불러? 아까도 버스 정류장에서 택시 불러 타고 왔는데"라고 말했더니 호스트는 "너네 버스로 여행하는 거야?"라며 신기하다는 듯이 우리를 쳐다봤다.

그렇다. 자동차의 나라 미국, 그것도 중부에서 고속버스를 타고 여행하는 건 아주 드문 일이다. 호스트는 그제야 우리가 왜 아침부터 짐을 들고 들이닥쳤는지 이해한 모양으로 그때부터 급속도로 친절해져서는 "내일 버스 시간 몇시야? 내가 버스 정류장 데려다줄게. 여기 택시는 아주 별로야"라며 호의를 베풀기 시작했다. 그렇게 호스트의 동정을 얻은 후 본격적으로 해니벌 탐험에 나섰다.

＊

 우리가 해니벌에 온 이유는 바로 이곳이 마크 트웨인이 어린 시절을 보낸 곳이자 『톰 소여의 모험』과 『허클베리 핀의 모험』의 배경이기 때문이다. 그리고 미국 현충일인 메모리얼데이를 앞둔 이 주말에 매년 '트웨인 온 메인Twain on Main'이라는 축제가 열리기도 한다.
 축제라고 해서 함평 나비축제 정도의 규모는 기대했건만 해니벌은 생각보다 더 작은 동네라 나비축제까지도 못 미치고 강원도 시골 읍내에 와 있는 것 같았다. 일단 미시시피강 서안西岸 최초의 커피숍이라는 유서 깊은 카페 자바 자이브Java Jive에서 간단히 아점을 먹고 본격 투어에 나섰다.
 유비무환인 것 같지만 알고 보면 닥쳐야 잘하는 나는 버스 안에서 급히 인터넷을 뒤져 그루폰Groupon에서 마크 트웨인이 유년 시절 살았던 집을 비롯한 곳곳을 성인 두 명 9달러에 입장할 수 있는 쿠폰을 찾아냈다. 노먼 록웰Norman Rockwell이 마크 트웨인 소설에 그린 삽화들이 있는 갤러리에서 시작해 허클베리 핀의 모델이었던

'트웨인 온 메인' 축제 풍경.

미시시피강변 카디프 언덕Cardiff Hill 자락에 설치된 톰과 헉의 동상.

동네 부랑아의 집까지 돌아보았다. 작은 규모지만 축제는 축제라 흥겨웠다. 트웨인이 유년 시절 살았던 집 근처에 다다르자 나와 S는 동시에 웃음을 터뜨렸다. 담장 앞에 놓인 흰색 페인트통을 보았기 때문이다.

> Tom appeared on the sidewalk with a bucket of whitewash and a long-handled brush. He surveyed the fence, and all gladness left him and a deep melancholy settle down upon his spirit. Thirty yards of board fence nine feet high. Life to him seemed hollow, and existence but a burden.
> 톰은 흰색 회반죽이 든 양동이와 긴 손잡이가 달린 귀얄을 들고 보도에 나타났다. 담장을 훑어보자 모든 즐거움이 사라지고 그의 영혼에 깊은 우울이 찾아왔다. 너비 30야드에 높이 9피트짜리 담장. 삶이 공허하게 느껴졌고 존재란 무거운 짐에 불과하게 생각되었다.

낯선 사내아이와 싸우다 옷을 엉망으로 만든 벌로 폴리 이모가 시킨 페인트칠을 앞두고 존재의 절망을 느낀 톰은 그 노역을 아주 재미있는 일인 양 신나게 하는 척해서 동네 친구들에게 떠넘겨버린다.

> Tom said to himself that it was not such a hollow world, after

all. He had discovered a great law of human action, without knowing it-namely, that in order to make a man or a boy covet a thing, it is only necessary to make the thing difficult to attain.
톰은 결국 세상이 공허하지만은 않다고 스스로에게 말했다. 그는 자신도 모르게 인간 행동의 위대한 법칙을 발견했는데, 어른이나 아이나 뭔가를 탐내도록 하기 위해서는 그것을 얻기 어렵게 만들기만 하면 된다는 것이었다.

개구쟁이지만 의외로 철학적인 소년 톰 소여의 고향을 돌아보면서 트웨인에 대해 몰랐던 몇 가지를 알게 되었다.『작은 아씨들』을 쓴 올컷처럼 그 역시 지식인이지만 가난한 부모 밑에서 컸다는 것. 가난 때문에 여러 직업을 전전하고 그 경험을 바탕으로 글을 썼다는 것이었다. 그리고 그가 유년 시절을 보낸 해니벌 역시 이렇다 할 것 없는 가난한 도시였다. 트웨인 자서전에서 발췌한 이런 글귀가 마크 트웨인 정보센터 벽에 붙어 있었다.

In the small town of Hannibal, Missouri, when I was a boy, everybody was poor, but didn't know it ; and everybody was comfortable, and did know it.
미주리주 해니벌의 작은 마을의 내 어린 날에는 모두가 가난했지만 가난하다는 사실을 몰랐고, 모두가 편안했으며 그 사실은 알고 있었다.

왼쪽의 벽돌집이 마크 트웨인이 유년 시절 살던 집이다.

마크 트웨인의 유년 시절 집 내부.

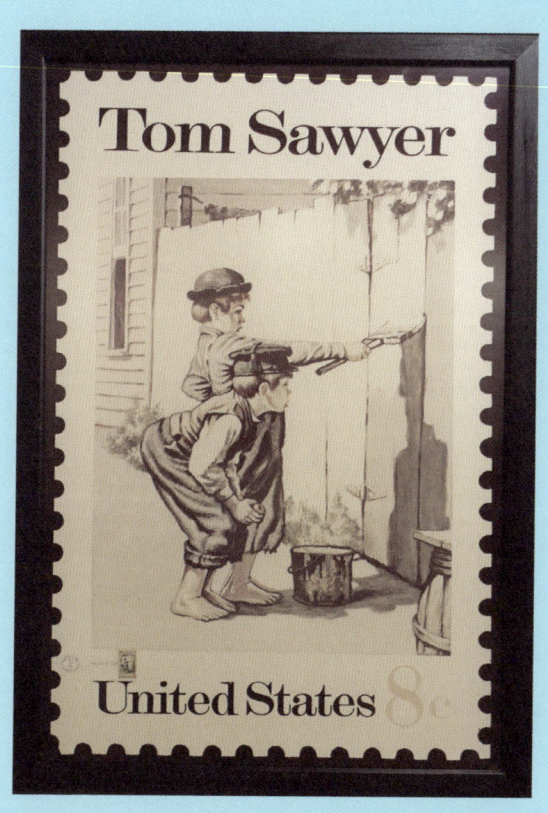

노먼 록웰이 그린 『톰 소여의 모험』 삽화로 만든 우표. 트웨인이 유년 시절 살던 집 근처에 이 장면을 묘사한 듯 흰색 페인트통이 담장 앞에 놓여 있었다.

마크 트웨인의 유년 시절 집 맞은편에 톰 소여의 첫사랑 베키 대처의 모델인 로라 호킨스의 집이 있었다. 로라 호킨스는 트웨인의 어린 시절 친구이자 풋사랑 상대로 성인이 되어 내과의사와 결혼해 두 아들을 낳고 해니벌의 고아원에서 양호교사로 일하면서도 트웨인과 꾸준히 연락하며 지냈다고 한다. 치안 판사의 딸 베키와 톰이 처음 맞닥뜨린 장면을 트웨인은 이렇게 그려낸다.

> As he was passing by the house where Jeff Thatcher lived, he saw a new girl in the garden- a lovely little blue-eyed creature with yellow hair plaited into two long-tails, white summer frock and embroidered pan-talettes. The fresh-crowned hero fell without firing a shot.
> 제프 대처가 살던 집을 지날 때 그는 정원에서 처음 보는 소녀를 발견했다. 푸른 눈을 한 사랑스럽고 작은 아이로 금발을 양 갈래로 길게 땋아내린 채 흰색 여름 드레스 아래 수놓인 속바지를 입고 있었다. 갓 영웅이 된 소년은 총성 한 번 없이 항복하고 말았다.

첫눈에 베키에게 반한 톰은 약혼을 청하고 베키는 이를 받아들인다. 그러나 톰이 에이미 로런스와도 이 '약혼 놀이'를 했다는 사실을 알고 화가 난 베키는 톰을 쌀쌀맞게 대한다. 그렇지만 베키의 마음을 돌릴 수 있는 천우신조의 기회가 톰에게 주어졌으니, 선생님의 해부학 책을 찢어버린 베키의 실수를 덮어쓰고 베키

베키 대처의 집.

해마다 진행하는 '톰과 베키' 콘테스트 수상자들의 사진이 걸려 있다.

대신에 벌을 받았던 것이다.

"Rebecca Thatcher" (Tom glanced at her face- it was white with terror)- "did you tear-no, look me in the face" (her hands rose in appeal)- "did you tear this book?"
A thought shot like lightning through Tom's brain. He sprang to his feet and shouted- "I done it!"
"레베카 대처" (톰은 그녀의 얼굴을 흘깃 보았다―공포로 하얗게 질려 있었다)―"네가 책을 찢었―아니, 내 얼굴을 똑바로 보거라." (그녀의 손이 호소하듯 위로 올라갔다)―"네가 이 책을 찢었니?" 톰의 머릿속에 어떤 생각이 번개처럼 스쳤다. 그는 용수철처럼 일어서서 소리쳤다.―"제가 그랬습니다!"

개구쟁이 소년이 좋아할 법한 새침한 소녀의 집을 나와 우리는 트롤리 정류장으로 향했다. 소설에서 톰과 베키가 길을 잃는 곳이자 살인범 인전 조가 보물을 숨겨놓은 동굴로 묘사된 '마크 트웨인 동굴'행 트롤리를 타기 위해서였다. 차가 있었다면 시간에 구애받지 않고 동굴부터 다녀왔겠지만 뚜벅이족은 트롤리에 기대야 하므로 그럴 수 없었다. 그렇지만 기사 겸 가이드가 해니벌에 대해 이런 저런 얘기를 해주는 트롤리 탑승이 예상외로 즐거워서 큰 불만은 없었다.

마크 트웨인 동굴 입구.

The mouth of the cave was up the hillside-an opening shaped like a letter A, Its massive oaken door stood unbarred. Within was a small chamber, chilly as an icehouse, and walled by Nature with solid limestone that was dewy with a cold sweat. 동굴 입구는 언덕 위에 있었는데 대문자 A와 같은 생김새였다. 거대한 떡갈나무 문이 빗장이 걸리지 않은 채 서 있었다. 안에는 자그마한 방이 있었는데 얼음 창고처럼 추웠다. 천연 석회암 벽면에는 차가운 물방울이 이슬처럼 맺혀 있었다.

동굴은 책 속 묘사와 똑같았고 조금 무서웠다. 1억 년 전 미시시피강이 바다였을 때 생성됐다는데 입구에서 붉은색 도마뱀을 목격한 나는 동굴 안에서 미끈미끈한 파충류를 만날까봐 전전긍긍했다. 원래 동굴 탐험 같은 걸 좋아하지 않는데 자발적으로 동굴에 오다니 마크 트웨인이 뭔데 나를 여기까지 움직였을까, 생각하면서. 동굴에 오기 전 들렀던 마크 트웨인 박물관Mark Twain House & Museum의 노먼 록웰 갤러리Norman Rockwell Gallery에 동굴에서 길을 잃고 헤매는 톰과 베키를 그린 록웰의 일러스트가 걸려 있었다. 록웰은 이 동굴 장면을 생생하게 그려내기 위해 실제로 동굴을 탐방했다가 그 안에서 길을 잃기도 했었다고 가이드 아저씨가 설명해주었다.

"Tom, Tom, we're lost! we're lost! We never can get out of this

트웨인의 동굴을 함께 탐방중인 사람들.
여름에도 동굴 내부는 서늘했다.

awful place! Oh, why did we ever leave the others!"
"톰, 톰, 우리는 길을 잃었어! 길을 잃었다고! 우리는 절대로 이 무서운 곳을 탈출할 수 없을 거야! 아, 왜 우리는 다른 애들로부터 떨어져나온 걸까!"

공포에 질린 베키의 새된 비명이 귓가에 맴도는 것 같은 착각을 뒤로하고 다시 트롤리를 타고 시내로 돌아왔다.

시간도 늦고 비도 올 것 같아서 슬슬 숙소로 향했다. 크게 기대하지 않고 위치만 보고 값이 싸기에 예약했던 B&B인데 의외로 고풍스럽고 시설도 괜찮았다. 1896년 앤 여왕풍으로 지은 건물이라는데 벽지도 가구도 참 우아하다. 감탄하며 숙소 안내 브로셔를 보다가 깨달았다. 우리가 묵는 방, 하인들 방이다…… 제일 싼 방이 그렇지 뭐……. 진짜 우리는 언제쯤 여행 와서 에어비앤비나 친구네나 하인 방 말고 고급 호텔에 턱턱 묵을 수 있을까. 과연 그런 날이 오기는 할까. S와 그런 이야기를 하며 저녁을 먹었다.

그리고 미시시피강을 산책했다. 드넓은 물이 고요하게 스르르, 그러나 빠른 속도로 움직이는데 그 위로 해가 지며 노을이 내리깔렸다. 가로등 그림자가 물위로 떨어지고 토끼풀 내음이 초여름 저녁 대기에 섞이는데 기적 소리를 길게 울리며 기차가 지나갔다.

"나 왜 이 풍경 익숙하지? 꼭 나 어릴 때 동네 풍경 같아."

"그러게. 그리움을 불러일으키는 풍경이네."

정체를 알 수 없는 노스탤지어에 사로잡혀 우리는 동네

토끼풀 무성한 강둑이 어린 날의
노스탤지어를 불러일으켰다.

놀이터에서 그네를 타며 어린 샘(마크 트웨인의 본명은 새뮤얼 클레멘스다)의 젖줄이 된, 톰과 헉이 신나는 모험을 했던 그 미시시피강을 하염없이 바라보았다. 어린 날 TV에서 본 애니메이션「허클베리 핀의 모험」주제가에는 '유유히 흐르는 미시시피강'이라는 구절이 있었다. 그 미시시피 강가에 우리는 어른이 되어 앉아 있었다.

 이 작은 동네에서 어떻게 마크 트웨인 같은 대문호가 나왔을까, 종일 궁금했는데 하루가 끝날 무렵 그 답을 찾은 것만 같았다. 해니벌은 결코 작은 마을이 아니었다. 드넓은 미시시피를 품은 커다란 요람이었던 것이다.

*

 해니벌에서의 둘째 날인 일요일, 아침을 먹고 록클리프 맨션Rockcliffe Mansion에 갔다. 원래 우리의 계획은 체크아웃 직전까지 자는 거였는데 둘 다 컨디션이 좋았고, 아침식사 시간에 호스트가 "록클리프 맨션에 꼭 가보라"고 추천해서 가보기로 한 것이 동력이 되었다.

 록클리프 맨션은 목재사업으로 돈을 번 스코틀랜드 출신의 부유한 사업가 존 크루익생크 주니어John Cruikshank Jr.가 스물일곱 살 연하의 콘서트 피아니스트 출신인 두번째 아내, 그리고 네 딸과 함께 살기 위해 1900년에 지은 저택이다. 저택은 이름 그대로 해니벌

읍내가 내려다보이는 절벽에 위치하고 있었다. 그간 수많은 하우스 투어를 했던 나는 '해니벌 같은 시골에 저택이 있어봤자지' 하고 생각했으나 오판이었다. 저택은 낡은 외관과는 달리 터무니없이 화려했다.

전체 3층, 아홉 개의 방, 일곱 개의 화장실, 스물일곱 개의 벽장……. 셋째 딸 헬렌이 자식 없이 죽은 후 1960년대에 화재로 손상되어 버려져 있던 걸 세 가족이 크루익생크가로부터 공동으로 사들여 보수했다고 한다. 존 크루익생크 주니어가 어린 아내의 환심을 사고 싶었던 모양인지 중동과 중국의 진귀한 물품에 윌리엄 모리스 상회의 벽지 등 전 세계에서 좋다는 건 다 가져다놓은 집이었다. 미시시피강이 내려다보이는 저택의 침실에서 집주인은 자신의 목재를 실은 배가 항구로 들어오는 걸 보곤 했다고 한다.

서배너, 찰스턴 등 남부 저택 투어를 하면서도 느낀 거지만 미국의 19세기에서 20세기 초는 확실히 상인들에게 기회의 시대였다. 목화, 사탕수수 등의 사업이 번창하면 큰 강이 있는 항구도시가 번성하고 이재에 밝은 자들은 거기서 큰돈을 번다.

그 저택의 여러 가지가 인상 깊었지만 가장 마음에 남았던 건 1층 홀에서 2층으로 통하는 중앙 계단이었다. 가이드 베키 아주머니는 이렇게 설명했다. "마크 트웨인이 1902년 마지막으로 해니벌을 방문했을 때, 300여 명의 마을 사람을 모아놓고 이 계단의 세번째 층계에서 연설을 했어요. 사람들이 연설을 청하자 잠시만 하고 끝내겠다고 해놓고서, 한 시간 반이나 연설을 했답니다. 그리고 8년

록클리프 맨션 전경.

저택의 화려한 내부.

이 계단에 서서 마크 트웨인은 고향 사람들에게 연설했다.

후 마크 트웨인은 세상을 떠나 다시는 이 마을을 찾을 수 없었지요."

그 이야기를 들으며 계단을 오르는데 전율이 흐르면서 눈물이 날 것만 같았다. 지방 소도시 출신인 나는 언제나, 자그마한 마을에서 자라난 아이가 도시로 나가 훌륭한 사람이 되어 금의환향하는 이야기에 매혹됐다. 이를테면, 수도 코펜하겐으로 가서 갖은 고난을 이겨내고 세상을 쩌렁쩌렁 울리는 이야기꾼이 되어 고향 오덴세를 다시 찾은 안데르센의 이야기 같은 것.

가이드 아주머니가 열성적이라 맨션 투어는 한 시간 반가량이나 지속되었다. 투어를 마친 후 시내로 돌아와 내가 다시 한번 노먼 록웰 삽화를 보러 가는 동안 S는 맥주를 마셨고, 함께 간단히 요기를 하고는 여행의 마지막 일정인 미시시피강 크루즈를 했다.

일찍 아버지를 잃고 생계를 위해 미시시피강 증기선 수로 안내인으로 일했던 마크 트웨인(그의 필명 Mark Twain은 수로 안내인이 배가 안전지역에 이를 때 외치는 말로, '트웨인'은 물 깊이를 뜻하는 '두 길'이라는 뜻이다)을 생각하면서 그 강, 마크 트웨인뿐 아니라 포크너 등 수많은 남부 출신 작가들에게 무한한 영감을 준 미시시피를 헉과 짐의 뗏목 대신 배를 타고 느껴보았다. 철학적이면서도 유쾌한 입담꾼인 마크 트웨인은 톰과 베키가 동굴에서 길을 잃고 헤매는 장면에서 이렇게 쓴다. 희망의 속성에 대한 그의 설명이 흐뭇해서 나는 미소를 지었다.

So they moved on again-aimlessly-simply at random-all they

해질녘, 미시시피강 크루즈를 했다. 이 강을 젖줄 삼아
마크 트웨인은 대문호가 되었다.

could do was to move, keep moving. For a little while, hope made a show of reviving- not with any reason to back it, but only because it is its nature to revive when the spring has not been taken out of it by age and familiarity with failure.

그래서 그들은 다시 움직이기 시작했다. 아무 목적도 없이, 그저 되는대로. 그들이 할 수 있는 건 계속 움직이는 것뿐이었다. 잠깐 동안 희망이 되살아나는 것만 같았다. 그럴 만한 특별한 이유가 있어서가 아니었다. 다만 나이를 먹고 실패에 익숙해져 탄성이 꺾이기 전까지는 용수철처럼 다시 솟아나는 것이 희망의 속성이기 때문이었다.

The Old Man and the Sea

A Farewell to Arms

For Whom the Bell Tolls

노인과 바다
무기여 잘 있거라
누구를 위하여 종은 울리나
어니스트 헤밍웨이(Ernest Miller Hemingway, 1899~1961)

헤밍웨이에게 아내가 네 명이나 있었다는 사실을 나는 쿠바의 헤밍웨이 하우스에서 처음 알았다. 여행을 마치고 재미 교포인 친구에게 그 이야기를 해주었더니 친구는 "그래서 나는 피카소와 마찬가지로 헤밍웨이가 진짜 싫어"라면서 폴라 매클레인의 『헤밍웨이와 파리의 아내』를 읽어보라고 권해주었다. 헤밍웨이의 첫 아내인 해들리 리처드슨의 관점으로 결혼생활을 그린 이야기라고 했다. 어떤 이야기인지는 대강 짐작이 갔다. 예술가의 향기를 짙게 풍기면서 여성 편력을 일삼는 남자의 이야기란 동서고금을 막론하고 흔해빠진 것이다. 여자가 바뀔 때마다 새로운 작품을 탄생시키는 예술가의 이야기도 피카소의 경우에서처럼 드문 일이 아니다. 그렇지만 헤밍웨이에게는 이 흔해빠진 '막장' 극을 꽤 볼만한 한 편의 영화로 만드는 매력이 있었던 것 같다.

결국 그의 매력이란 '스타일'에서 비롯된 것이 아닐까. 쿠바와 키웨스트에서 헤밍웨이가 살았던 집과 머물렀던 호텔, 즐겨 찾던 바 등을 둘러보며 그런 생각을 했다. 동물 박제를 집 안 곳곳 전시해놓으면서도 마당에는 키우던 고양이의 무덤을 만들어주는 그의 극단적인 이중성은, 그가 즐겼던 쿠바 칵테일 다이키리 혹은 모히토와도 닮았다. 사탕수수를 증류한 술인 럼이 들어가 달콤하면서도 도수 높은 이 칵테일처럼 헤밍웨이 역시 온탕과 냉탕을 오가는 치명적인 매력을 가진 남자 아니었을까. 나는 사실 『노인과 바다』의 노인 산티아고를 제외하고는, 그의 다른 작품 속 남자들을 도무지 사랑할 수 없었다. 다만 그의 여자들에게, 특히 두번째 아내 폴린에게 깊은 연민과 안쓰러움을 느꼈을 뿐이다.

12 헤밍웨이의 영감, 쿠바 아바나, 키웨스트

어니스트 헤밍웨이가 즐겨 묵었다는 아바나의 암보스 문도스 호텔Hotel Ambos Mundos 옥상 야외 바에서 다이키리를 마시며 이 글을 썼다. 이날 석 잔째의 술. 점심 먹은 식당에서 반주로 모히토 한 잔, 헤밍웨이가 사랑했다는 바 엘 플로리디타El Floridita에서 오후에 딸기 다이키리 한 잔, 그리고 여기서 다시 한 잔. 럼과 보드카를 좋아하는 내게 쿠바는 술 궁합이 최고인 나라다.

낮에는 시내버스를 타고 50여 분 걸려서 산프란시스코 데 파울라San Francisco de Paula의 헤밍웨이 박물관, 핀카 비히아Finca Vigía에 다녀왔다. '전망 좋은 농장'이라는 뜻의 이곳은 헤밍웨이가 20여 년간 살면서 『누구를 위하여 종은 울리나』와 『노인과 바다』를 집필한 곳, 그러니까 헤밍웨이의 집이었다. 택시를 타면 편도 20쿡(약 2만 5000원) 정도 내야 한다는데 가이드북의 충고대로 0.5모네다(약 25원)짜리 버스를 탔다.* 관광용 버스가 아니라 현지인들이 이용하는 버스여서인지 동양인은 나밖에 없어서 당연히 시선이 집중되었다.

헤밍웨이가 사랑했다는 아바나의 다이키리 명소, 엘 플로리디타.

아기 안은 엄마가 탔는데 교복 입은 학생들도 있건만 버스 안 승객들이 모두 나에게 자리 비켜주라며 압력을 넣기에 외국인이라고 차별하는 건가, 속으로 생각했다. 여하튼 남자들은 대놓고 쳐다보며 휘파람 불고, 여자들은 힐끔대고 에어컨도 없는 만원 버스에 서서 가느라 이리 치이고 저리 치이고…… 안내방송도 없어서 친절한 할머니 한 분이 내리면서 자기 옆자리 학생들에게 산프란시스코에 도착하면 내게 알려주라고 신신당부한 덕에 그나마 길을 잃지 않고 무사히 목적지에 내릴 수 있었다. 그런데 버스에서 내릴 때 아까부터 날 보며 히죽히죽 웃던 딱 봐도 건달 같은 청년 하나가 내 손목을 낚아챘다. 나는 항상 타인은 선의를 가지고 있다고 믿는 어수룩한 사람답게, 넘어질까봐 도와주려는 건가, 잠시 생각했으나 아무래도 그건 아닌 거 같고 동양인 여성이 신기하니 만져보고 싶었던 게 아닌가 하는 생각이 강하게 들었다. 유쾌하지 않은 버스의 추억을 뒤로하고 핀카 비히아에 갔다.

- 내가 방문했을 당시 쿠바의 화폐 체계는 내국인용 '모네다Moneda'와 외국인용 '쿡CUC'으로 이원화되어 있었다. 스페인어로 '돈'을 뜻하는 모네다의 정식 명칭은 '모네다 나시오날Moneda Nacional'이며, 쿠바 페소Cuba Peso의 약자인 '쿱CUP'이라고도 불렸다. 쿡은 'Cuba Convertible Peso'의 약자로, 보통 관광객을 대상으로 하는 업소들에서 취급했다. 1쿡은 약 24모네다. 그러나 쿠바는 1994년부터 운영하던 이중화폐제도를 2021년 1월 폐지해, 쿠바 페소를 단일화폐로 사용하고 있다.

＊

　영어와 스페인어로 투어를 진행한다고 가이드북에 적혀 있었지만, 막상 가보니 스페인어 투어밖에 없었다. 집 자체는 운치 있었으나 그다지 깔끔하게 관리되고 있다는 인상은 주지 못했다.
　헤밍웨이는 뭐랄까 참 남성적인 작가였던 것 같다. 집 안 벽 곳곳에 동물 머리 박제가 걸려 있었다. 동물 박제를 좋아하는 동시에 마당에는 키우던 개와 고양이 무덤을 만들어주는 남자라니. 이런 아이러니. 그의 집필실을 겸한 전망대에는 천체망원경이 설치되어 있었고, 박물관 뜰에는 그가 몰았던 낚싯배가 놓여 있었다. 럼 맛 진득한 모히토를 즐기면서 여러 명의 여자와 결혼한 남자, 나로서는 절대 사귀고 싶지 않은 마초형 인간인데 게다가 말년에는 엽총 자살로 생을 마감했다.
　나는 사실 그에 대해 잘 모른다. 헤밍웨이 작품 중 그나마 열심히 읽은 건 『노인과 바다』밖에 없다. 발걸음 발걸음이 감동으로 넘쳤던 『바람과 함께 사라지다』 투어에 비하자면 이번 투어는 조금은 맥이 빠지고 건조했다. 역시 문학 여행은 좋아하는 작가의 발자취를 따라가야 하는가보다. 그렇지만 왠지 '어니스트 헤밍웨이'라는 이름에는 그의 작품을 그다지 좋아하지 않더라도 한 번쯤 그를 좇아보고 싶은 매력이 있다. 취향이 아닌 암컷도 한 번쯤 돌아보게 만드는, 짙은 페로몬을 내뿜는 수컷의 향기 같은 것이랄까.
　전형적인 '남자의 집' 같았지만 이 집에도 여자의 흔적이 있었다.

핀카 비히아의 내부.

핀카 비히아의 침실과 집필실.

핀카 비히아의 식당. 식당에도 동물 박제는 빠지지 않는다.

헤밍웨이가 즐겨 타던 낚싯배 필라Pilar가 전시된 마당에 그가 기르던 개 무덤이 자리하고 있다.

헤밍웨이가 1939년부터 살다가 세번째 아내인 마사 겔혼^{Martha Gellhorn}과 결혼한 직후인 1940년 12월 사들인 집이다. 헤밍웨이가 이 집을 산 것은 순전히 마사가 헤밍웨이가 묵고 있던 암보스 문도스 호텔의 좁은 방에서 둘이 지내지는 못하겠다고 말했기 때문이다. 1960년까지 살았던 이 집에서 헤밍웨이는 『누구를 위하여 종은 울리나』의 대부분을 썼다. 그 작품에 가장 큰 영감을 준 여자가 바로 곁에 있었다. 『누구를 위하여 종은 울리나』는 스페인 내전을 배경으로 하는데 헤밍웨이는 1930년대 말 종군기자로 스페인 내전을 취재했고, 역시 종군기자였던 마사도 스페인에서 헤밍웨이와 함께한다. 1945년 헤밍웨이와 마사가 이혼한 후에도 헤밍웨이는 핀카 비히아를 남에게 넘기지 않는다.

마사 겔혼은 '20세기 미국의 가장 위대한 종군기자'로 평가받는 여자로 '헤밍웨이의 아내'라는 이름에 갇히기를 거부했다. 겔혼은 취재차 자주 집을 비웠고 헤밍웨이는 1943년 겔혼이 이탈리아 전선戰線 취재를 위해 핀카 비히아를 떠나자 그녀에게 이런 편지를 쓴다. "당신은 종군기자요, 아니면 내 침대 속 아내요?"

『누구를 위하여 종을 울리나』는 스페인 내전에서 파시스트들에 맞서 반反프랑코파인 공화파 게릴라에 가담한 미국 교수 로버트 조던의 이야기를 다룬다. 그는 게릴라 부대에서 마리아라는 여성을 만나 사랑에 빠진다.

The girl stooped as she came out of the cave mouth carrying the big iron cooking platter and Robert Jordan saw her face turned at an angle and at the same time saw the strange thing about her. She smiled and said, "Hola, Comrade," and Robert Jordan said, "Salud," and was careful not to stare and not to look away. She set down the flat iron platter in front of him and he noticed her handsome brown hands. Now she looked him full in the face and smiled. Her teeth were white in her brown face and her skin and her eyes were the same golden tawny brown. She had high cheekbones, merry eyes and a straight mouth with full lips. Her hair was the golden brown of a grain field that has been burned dark in the sun but it was cut short all over her head so that it was but little longer than the fur on a beaver pelt. She smiled in Robert Jordan's face and put her brown hand up and ran it over her head, flattening the hair which rose again as her hand passed. She has a beautiful face, Robert Jordan thought. She'd be beautiful if they hadn't cropped her hair.

소녀는 커다란 요리용 무쇠 접시를 들고 몸을 구부리며 동굴에서 나왔다. 로버트 조던은 살짝 옆으로 돌린 그녀의 얼굴을 보다가 뭔가 이상한 점이 있다는 걸 알아차렸다. 그녀가 미소 지으며 말했다. "올라(안녕), 동지여." 로버트 조던은 "살루드(안녕)"라고 답하고는 빤히 쳐다보지도 시선을 피하지도 않으려 조심했다. 그녀가 무쇠 접시를 그 앞에 놓았고 모양 좋은 갈색 손이 그의 눈길을 끌었다. 이제 그녀는 그를 정면으로 바라보며 미소 지었다. 갈색 얼굴에 흰 치아가 도드라졌고 피부와 눈은 같은 금갈색이었다. 광대뼈는 높았고, 눈빛은 쾌활했으며, 도톰한 입술에 입매는 야무졌다. 머리카락은 햇볕에 익어 빛깔이 짙어진 들판의 곡식처럼 금갈색이었는데 전체를 짧게 잘라 비버의 털보다 약간 긴 정도였다. 그녀는 로버트 조던의 얼굴을 보고 웃었고 갈색 손을 들어 머리칼을 쓸어내렸으나 손이 지나가자마자 다시 비죽비죽 솟았다. 아름다운 얼굴이로군, 로버트 조던은 생각했다. 만약 그들이 그녀의 머리를 자르지 않았다면 더 아름다웠을 텐데.

공화파인 아버지가 총살당한 후 파시스트들에게 잡혀 집단 성폭행을 당한 마리아. 순진하고 열정적이며 깊은 상처를 안고 있는 마리아에 헤밍웨이는 어느 정도 아내 마사를 투영했을지도 모른다. 마리아는 언뜻 보기에는 마사와는 달리 여리고 보호본능을 불러일으키는 여자지만, 아무리 강한 여자라도 연인 앞에서는 철갑을 벗고 보드라운 내면을 보여주기 마련이니까. 헤밍웨이는 『누구를 위해 종을 울리나』에 이런 헌사를 썼다. "마사 겔혼에게".
　로버트 조던은 적군의 총탄에 맞아 다리에 부상을 입자 동료들을 탈출시키고 전장에 홀로 남는다. 같이 남겠다고 애원하는 마리아를 설득해 동료들과 함께 보낸다. 헤밍웨이는 마사 겔혼과의 결혼을 4년 만에 끝낸다. 조던과 같은 순정은 헤밍웨이에게는 없었다. 이혼의 원인은 헤밍웨이의 바람기였다. 그는 네번째 아내가 되는

메리 웰시Mary Welsh에게 빠져 있었다.

*

　헤밍웨이와 염문설이 돌았던 배우 에바 가드너가 알몸으로 헤엄쳤다는 수영장을 돌아나와 박물관을 나서서 다시 버스를 타고 아바나 시내로 돌아왔다.
　이번에는 괜찮았다. 자리가 없어서 서 있자 제복 입은 중년의 군인이 친절하게도 자리를 양보해줬다. 버스 안 풍경을 관찰하다가 아까 왜 사람들이 나더러 아기 엄마에게 자리를 양보하라 했는지 깨달았다. 내가 앉은 자리가 노약자석이었던 것이다. 아이 안은 엄마나 노인이 타면 그 자리에 앉았던 사람은 즉각 일어나 자리를 비켜준다. 외국인이라 자리에서 일어나라 했다고 생각했던 건 큰 오해였다.
　엘 카피톨리오El Capitolio(아바나의 옛 국회의사당) 근처에서 점심을 먹고 햇살 작열하는 도보로 나와 3모네다(약 150원)짜리 소프트아이스크림을 사먹었다. 아이스크림이 줄줄 흘러내리는데 끈적끈적한 손을 한국제 물티슈로 닦고 있자니 쭈쭈바 하나에 50원 하던 30여 년 전의 어느 여름날이 떠올랐다. 시간이 멈춰버린 나라 쿠바, 30년 전 여름의 거리를 나는 걷고 있었다.
　30여 년 전 그 여름에 쭈쭈바를 감싼 비닐은 조악했고 알맹이를 빼먹으려 그 질긴 비닐을 물어뜯으면, 비닐은 고르지 않은 잇자국을

사람들은 쿠바를 일컬어 '가난하지만 행복한 나라'라고 말하지만, 나는 가난과 행복이 쉽게 동의어가 되리라 믿지 않는다.

아바나 거리는 화사한 색채로 물결친다.

남긴 채 보기 싫게 늘어나며 찢어지곤 했다. 전날 20모네다(약 1,000원)짜리 피자를 사먹으러 들른 오비스포 거리 Calle Obispo의 피자 가게에서 샌드위치를 산 호호백발의 노파가 내게 자신이 가지고 온 비닐봉지 입구를 열어달라고 부탁했다. 30년 전 쭈쭈바의 그것과 같은 소재의 그 비닐봉지에 노파는 방금 산 샌드위치를 넣어 집으로 들고 갔다. 멸균 처리된 위생 봉지에 익숙해진 내겐 너무나도 낯선 풍경. 물자가 귀한 쿠바에서는 샌드위치를 종이봉투에 넣어주는 일은 없다. 얇은 종이 한 장에 둘둘 말아준다. 이웃 미국 슈퍼마켓에서 무상으로 얼마든 제공하는 비닐봉지 같은 것도 주지 않는다. 공용 화장실 앞에서는 화장실 청소부가 화장지를 한 장씩 판다. 화장지 한 장에 1쿡(약 1,200원)을 받는다.

점심을 먹은 식당에서 양이 많아 식사를 반 이상 남겼다. 접시를 가지러 온 웨이터가 의아한 눈빛으로 바라봤다. "많아서요"라고 말하면서 나는 뼛속 깊은 죄책감을 느꼈다. 이들에게는 늘 식량이 부족하다. 음식을 남기는 걸 죄악시하는 사람들의 눈빛을 나는 알고 있다. 한국전쟁 직전 해에 태어난 내 아버지는 절대로 음식을 남기지 못한다. 그런 눈빛을 쿠바 곳곳에서 마주한다.

저녁으로 시킨 샌드위치는 내 입맛에는 짠데 역시나 양이 많았다. 겨우 두 조각을 먹고 남은 두 조각을 싸가겠다고 했다. 박스 같은 걸 줄 줄 알았는데 영어를 못하는 웨이터는 손으로 내 가방을 가리키며, 이런 거 없냐고 물었다. 여분의 가방이 없다고 했더니 당황한 그는 가게에 다시 들어가더니 다행이라는 듯 더러운 비닐봉지 한 장을 가지고 왔다. 위생 봉지도 샌드위치 백도 종이봉투도 없이 나는 비닐봉지에 그 샌드위치를 넣었다. 남기고 올 수도, 그 비닐봉지 속 음식을 먹을 수도 없었다. 길가의 고양이들이 눈에 띄었는데 쿠바 사람들이 보는 앞에서 사람 먹는 음식을 고양이에게 줄 수는 더 없었다. 하는 수 없이 남은 샌드위치 봉지를 들고 숙소 앞까지 왔는데 마침 날이 저물어 사방이 어두웠고 건물 앞에서 개와 고양이 한 마리씩을 발견했다. 개 주인이 근처에 있었기 때문에 나는 차마 샌드위치를 꺼내진 못하고 봉지에 손을 넣은 채 조금씩 뜯어 개에게 나눠주었다. 개는 배가 고팠는지 거의 내 손을 물듯 샌드위치에 달려들었고, 주인은 내게 큰 소리로 "그라시아스(gracias)" 했다.

※

다음날 점심때 코히마르Cojímar에 갔다. 『노인과 바다』의 배경이 된 그 바닷가 마을이다. 버스를 타려다 버스 정류장 찾는 데 실패해서 이날은 좀 편하게 지내자 하고 택시를 타기로 했다. 아바나의 택시는 무조건 흥정인데, 가이드북에는 편도 15쿡(약 1만 8000원) 정도라고 적혀 있었는데 왕복 17쿡(약 2만 원)에 다녀왔다.

한적하고 아름다운 바닷가 마을이었다. 역시나 헤밍웨이가 즐겨 찾았다는 식당 라테라자La Terraza에서 모히토를 마시며 해산물 밥으로 점심을 먹었다. 아바나에 와서 먹은 식사 중 가장 맛있었고, 창문으로 보이는 풍광도 훌륭하고 바다도 아름답기 그지없었다.

'노인'의 눈 빛깔처럼 푸른 바다다.

> Everything about him was old except his eyes and they were
> the same color as the sea and were cheerful and undefeated.
> 그의 모든 것은 눈만 빼고 늙어 있었다. 두 눈은 바다와 같은
> 빛깔이었고, 기운차고, 패배를 몰랐다.

또한 노인에게 언제나 여인과 같았던 바다다.

> But the old man always thought of her as feminine and as
> something that gave or withheld great favours, and if she did
> wild or wicked things it was because she could not help them.
> The moon affects her as it does a woman, he thought.
> 그러나 노인은 언제나 바다를 여성적이라 여겼고 커다란 은혜를
> 주거나 품고 있다고 생각했다. 그리고 바다가 거칠거나 사악한
> 짓을 한다면 그건 어쩔 수 없기 때문이라고 생각했다. 달이 여자를
> 휘두르는 것처럼 바다에도 영향을 주는 거지, 그는 생각했다.

식당 안에 헤밍웨이가 항상 앉던 자리가 보존되어 있었다. 헤밍웨이는 체 게바라와 함께 쿠바의 가장 큰 관광자원 중 하나다. 헤밍웨이도, 체 게바라도 모두 외국인. 체 게바라야 카스트로 편에서 쿠바혁명을 위해 몸 바쳐 싸웠다지만 헤밍웨이는 적국인

식당 안, 헤밍웨이가 항상 앉던 자리.

미국 작가인데 이 나라가 헤밍웨이로 돈을 벌어들인다는 것이
아이러니하게 느껴졌다.

> He was an old man who fished alone in a skiff in the Gulf
> Stream and he had gone eighty-four days now without taking a
> fish.
> 그는 멕시코 만류의 작은 배에서 혼자 고기 잡는 노인이었다.
> 84일째 한 마리의 고기도 낚지 못한 채 세월만 흘려보내고 있었다.

『노인과 바다』의 첫 구절을 떠올리며 바닷가로 나섰다.
헤밍웨이는 이 문장을 200번 가까이 고쳐 썼다고 한다. 어느 어부가
기증한 선박 프로펠러를 녹여 만들었다는 헤밍웨이의 흉상이
바다를 향하고 있었다. 흉상이 세워진 자그마한 무대를 둘러싼
그리스식 기둥이 우스꽝스럽게 여겨졌다. 방파제에서 소년들이
낚시를 하고 있었다. 늙은 산티아고를 격려하던 『노인과 바다』의
소년 마놀린이 떠올랐다. 금방이라도 부서질 듯한 낡은 방파제
끝까지 걸어가자니 건너편 방파제에서 세월과 함께 낡아가고
있는 스페인 식민지 시절의 성채가 보였다. 고풍스러운 성채는
이 자그마한 마을에 유럽풍 정취를 더하고 있었지만, 노인과
마찬가지로 그 역시 더할 수 없이 늙고, 낡아 있다는 사실만은 어쩔
수 없었다. 더이상 여자 꿈을 꾸지 않는, 언제나 현재만 생각하게 된,
그러나 가끔씩 바닷가의 용맹한 사자가 되고 싶은 노인과 같은 성채.

방파제에서 낚시 중인 소년들.

'노인'처럼 늙어버린 스페인 식민지 시절의 성채. 뒤편으로 그리스식 기둥에 둘러싸인 헤밍웨이의 흉상이 보인다.

He no longer dreamed of storms, nor of women, nor of great occurrences, nor of great fish, nor fights, nor contests of strength, nor of his wife. He only dreamed of places now and of the lions on the beach.
그는 더이상 폭풍우 꿈을 꾸지 않았다. 여자 꿈도, 엄청난 사건이나 커다란 물고기, 싸움, 힘겨루기, 아내 꿈도 꾸지 않았다. 그는 오직 현재의 장소와 해변의 사자들 꿈을 꿀 뿐이었다.

가끔씩 센 바람이 불 때마다 파도가 크게 움직이며 방파제를 쳤다. 자전거를 가지고 방파제에 오른 소년들의 낚시에 성과가 있었는지 궁금했지만 딱히 물어보지는 않았다. 84일째 한 마리도 못 낚았던 노인보다는 낫겠지.

"But man is not made for defeat," he said. "A man can be destroyed but not defeated."
"인간은 패배하도록 만들어진 게 아니야" 그는 말했다. "인간은 파멸할 수는 있어도 패배하진 않아."

인간은 과연 패배하지 않는 존재일까, 갖은 노력을 들여 거대한 청새치를 잡고 나자 이제는 청새치를 탐낸 상어들과 싸워야만 했던 노인을 떠올리면서 그런 물음을 던져보았다. 소설을 처음 읽었던 중학생 때, 소설의 주제를 묻는 시험문제가 나오면 '인간과 자연과의 투쟁' 유의 답에 동그라미를 쳤다. 이제는 안다. 노인은 자연이 아니라 스스로와 투쟁하고 있다는 것을. 노쇠해가는 것은 서글픈 일이며, 늙어갈수록 인간은 자신의 존재 이유를 증명해 보이고 싶어 한다는 것을. 마흔을 목전에 둔 나는 거울 앞에서 매일 소리 없이 늘어나는 흰머리를 뽑으며 "모든 것이 늙어 있었으나 두 눈만은 기운차고 패배를 모르는" 노인처럼, 내 눈빛만은 청년의 그것 같길 빌었다. 노인을 이해한다. 그렇지만 그 싸움이 과연 의미가 있는 걸까. 쉽게 살면 안 되는 걸까. 희망을 갖지 않는 것은 어리석은 일이자 죄악이라고 말하는 노인의 바다 앞에서 떠오른 것은 오히려 패배주의에 젖은 의문이었다. 아마도 나는 긴 여행에 지쳐 있었나 보다.

It is silly not to hope, he thought. Besides I believe it is a sin. Do not think about sin, he thought. There are enough problems now without sin. Also I have no understanding of it.
희망을 갖지 않는 건 어리석은 일이야. 그는 생각했다. 게다가 나는 그걸 죄라고 생각하지. 죄에 대해서는 생각하지 말자. 그는 생각했다. 죄 말고도 지금 문제가 넘쳐나니까. 게다가 나는 죄에 대한 이해도 없으니까.

다시 방파제를 걸어나와 성채 근처에서 기다리고 있던 택시로 돌아갔다. 택시 기사는 걱정과 체념이 뒤섞인 듯한 표정을 짓더니 "조마조마해하며 너를 지켜보고 있었어. 저 방파제는 낡아서 아주 위험하단 말이야. 게다가 바람이 세게 불잖아. 자칫하면 바다로 떨어진다고"라고 했다. 걱정해줘서 고맙다고 이야기하고는 다시 택시를 타고 아바나로 돌아왔다.

  뼈만 남은 물고기를 끌고 바다에서 돌아온 노인은 무엇이 그를 이렇게 녹초가 되게 만들었는지 생각한다. 그리고 큰 소리로 말한다. "아무것도. 다만 너무 멀리 나갔을 뿐이야." 녹초가 되었지만 어쨌든 나고 자란 곳으로부터 아주 멀리 떠나왔다는 것에 이 여행의 의미를 부여하고 있던 나는 그날 밤에는 사자 꿈을 꾸고 싶었다.

Up the road, in his shack, the old man was sleeping again. He was still sleeping on his face and the boy was sitting by him watching him. The old man was dreaming about the lions.
길 위쪽 오두막 안에서 노인이 다시 잠을 자고 있었다. 그는 아직도 엎드려 잠들어 있었고 소년이 곁에 앉아 그를 지켜보고 있었다. 노인은 사자 꿈을 꾸고 있었다.

*

  '키웨스트'라는 지명을 처음 들은 건 기억 속에서 한참 사라졌다가 연수가 끝나가고 복귀가 가까울수록 존재감이 생겼던 당시 소속 부서 부장으로부터였다. 뉴욕 연수 선배이자 NYU 동문이 된 부장은 언젠가 술자리에서 연수 기간 처가 식구들이 놀러왔을 때 운전해서 뉴욕에서 키웨스트까지 다녀왔다는 얘기를 했는데, 그 얘기를 들은 나는 속으로 '나도 간다, 키웨스트'라고 생각했다.

플로리다반도 최남단의 섬인 키웨스트로 들어가는 관문이 되는 마이애미에는 몇 년 전 출장 간 적이 있어 딱히 갈 생각이 없었지만 키웨스트에는 가보고 싶었다. 헤밍웨이가 살았던 집이 거기 있다는 얘길 듣자 그 생각은 더 공고해졌다. 마침 쿠바 여행을 하며 아바나로 입국해 바라데로에서 출국하게 되었는데, 바라데로에서는 뉴욕 직항이 없고 마이애미에서 환승해야 했다. 이왕 마이애미에 가는 거 2박 정도 머물면서 구경도 좀 하고 키웨스트에도 가보기로 했다. 마이애미에서 키웨스트까지는 차로 네 시간. 차를 빌려 이동하면 좋겠지만 운전에는 자신이 없었다.

그러나 관광지라는 곳은 면허 없고 차 빌리고 싶지 않은 관광객들에게도 옵션을 제공하는 법. 열심히 인터넷을 검색한 결과 마이애미비치에서 출발하는 키웨스트 당일 투어 버스가 있다는 걸 알게 되었다. 새벽에 출발해 키웨스트에 떨궈준 후 저녁에 다시 태우고 마이애미비치에 내려준다. 다양한 버스가 있었는데 검색 끝에 가장 저렴하다는 왕복 39달러짜리 버스를 찾아냈다. 마이애미비치와 다운타운의 거의 모든 호텔과 호스텔 앞에서 픽업과 드롭 오프를 해준다. 출발 시간은 오전 6시 45분. 너무 일러서 과연 내가 이렇게 무리하는 게 맞나, 생각도 했지만……

미국의 '마라도'인 키웨스트의 남극점.
키웨스트는 쿠바와 겨우 90마일 떨어져 있어
많은 쿠바 이민자들이 살고 있다.

그냥 표를 사고야 말았다.

쿠바에서 미국으로 돌아온 다음날, 새벽부터 버스를 달려 키웨스트에 도착했다. 배가 고파 일단 밥부터 먹기로 했다. 키웨스트 여행을 결심한 건 헤밍웨이 때문이었지만 쿠바에서 헤밍웨이의 물결에 치이다보니 살짝 지겨웠다. 그렇지만 여기서도 헤밍웨이를 피해 갈 수는 없었다. 헤밍웨이가 즐겨 찾았던 식당 겸 바라는 슬로피 조의 바 Sloppy Joe's Bar가 마침 근처에 있었다. 다진 고기가 든 샌드위치랑 마가리타를 시켰는데 다행히도 맛이 괜찮았다. 11시 반에 들어갔을 때는 자리가 많았는데 식사를 마칠 때쯤 주위를 둘러보니 만석에 긴 줄이 늘어서 있었다.

예정대로 어니스트 헤밍웨이 하우스 Ernest Hemingway House에 가보기로 했다. 어쩌다가 이번 여행의 테마가 헤밍웨이가 되어버린 걸까. 내가 키웨스트의 헤밍웨이 집에 간다는 얘기를 들은 한 친구는 "너 헤밍웨이 작품 안 좋아하지 않냐"며 기가 찬 듯 웃었다.

키웨스트의 헤밍웨이 하우스는 헤밍웨이가 두번째 아내 폴린 파이퍼 Pauline Pfeiffer와 함께 살았던 집이다. 왜 쿠바에도 헤밍웨이 집이 있고, 키웨스트에도 있는지 궁금했는데 그 의문이 풀렸다. 헤밍웨이는 네 번 결혼했고, 결혼할 때마다 주거지를 옮긴다. 첫 아내와는 파리에서, 둘째 아내와는 키웨스트에서, 셋째 아내와는 쿠바에서, 넷째 아내와는 아이다호에서 살았다.

헤밍웨이는 열여덟 살 때 이탈리아에서 제1차세계대전에 참전했고 무릎에 부상을 입는데 치료받던 병원에서 만난 일곱 살

헤밍웨이가 즐겨
찾았다는 식당
슬로피 조.

키웨스트 헤밍웨이
하우스의 입구.

연상의 간호사 아그네스 폰 쿠로스키Agnes von Kurowsky와 사랑에 빠진다. 둘은 미국에서 결혼하기로 약속하지만 아그네스는 헤밍웨이를 버리고 딴 남자랑 결혼한다. 그리고 헤밍웨이는 친구 여동생의 친구이자, 여덟 살 연상인 해들리 리처드슨Hadley Richardson과 결혼한다. 해들리는 아그네스처럼 연상이었지만 아그네스와 달리 남자가 보호해주길 바라는 여자였다. 헤밍웨이는 신예 작가였고, 아내는 물려받은 재산이 많았다. 그 재산으로 둘은 파리에서 생활하고 아들 하나를 얻는다.

　둘의 결혼생활은 헤밍웨이가 파리에서 활동하던『보그』기자 폴린을 만나면서 파탄난다. 헤밍웨이는 이혼 위자료로 해들리에게『태양은 다시 떠오른다』의 로열티를 주는데 나중에 이 작품이 영화화되면서 해들리는 뒤늦게 바람핀 남편 덕을 보게 된다. 해들리는 이후 재혼하는데, 재혼한 남편 폴 모러Paul Mowrer도 헤밍웨이와 마찬가지로 기자이자 퓰리처상 수상자인 걸 보면 문재文才 있는 남자를 알아보는 눈을 가진 여자인 것 같다.

　두번째 아내 폴린 역시 엄청난 부잣집 상속녀였다. 헤밍웨이와 폴린이 결혼하자 폴린의 삼촌이 사준 집이 바로 키웨스트의 이 집이다. 이들의 결혼은 그러나 헤밍웨이가 전쟁 전문 기자 마사 겔혼을 만나 바람을 피우면서 끝나버린다.

　헤밍웨이는 마사와 함께 쿠바로 떠났는데, 이 세번째 결혼생활은 헤밍웨이가『타임』런던 특파원인 네번째 아내 메리를 만나게 되면서 파국에 이른다(헤밍웨이는 아무래도 여기자 페티시가 있는 것 같다).

폴린과 헤밍웨이가 두 아들을 낳고
살았던 그 집에 들어갔을 때 오히려
폴린의 손길이 선명하게 느껴졌다.

키웨스트 헤밍웨이
하우스의 헤밍웨이
서재. 역시나
동물 머리 박제로
장식되어 있다.

피카소와 헤밍웨이는 무척 친했다는데 여자를 바꿀 때마다 작품이 바뀌는 피카소처럼 헤밍웨이도 네 명의 아내에게서 많은 영감을 얻었다고 했다. 이를테면 폴린은 난산으로 첫아들을 얻었는데 헤밍웨이는 그 산고産苦를 지켜본 경험을 『무기여 잘 있거라』에서 여자 주인공 캐서린이 아이를 사산하는 장면에 녹여넣었다.

> I thought Catherine was dead. She looked dead. Her face was gray, the part of it that I could see. Down below, under the light, the doctor was sewing up the great long, forcep-spread, thick-edged wound.
> 나는 캐서린이 죽었다고 생각했다. 죽은 것처럼 보였다. 내가 볼 수 있는 얼굴 부분은 잿빛이었다. 아래쪽 조명이 비치는 곳에서는 의사가 겸자로 벌려놓은 커다랗고 긴, 가장자리가 두꺼운 상처를 꿰매고 있었다.

어느 전기傳記 작가는 헤밍웨이의 여성 편력에 대해 그가 첫사랑 아그네스에게 버림받았기 때문에 그후부터 버림받기 전에 미리 아내를 버렸다고 분석했다. 내게는 헤밍웨이가 아내를 수집해 죽여버리는 옛이야기 속 푸른 수염처럼 느껴졌다. 그는 사랑하지 않으면서 사랑한다고 말할 수 있는 남자였다. 『무기여 잘 있거라』의 주인공 미국인 군의관 프레더릭 헨리는 제1차세계대전중 이탈리아 전선에서 만난 영국인 간호사 캐서린에게 "사랑한다"고 말한다.

I knew I did not love Catherine Barkely nor had any idea of loving her. This was a game, like bridge, in which you said things instead of playing cards. Like bridge you had to pretend you were playing for money or playing for some stakes. Nobody had mentioned what the stake were. It was all right with me.

나는 내가 캐서린 바클리를 사랑하지 않는다는 것도, 앞으로도 사랑할 생각이 없다는 것도 알았다. 이건 게임이었다. 카드가 아니라 말로 하는 브리지 같은 거였다. 브리지처럼 돈 때문에 혹은 돈을 좀 따려고 게임을 하는 척하는 거였다. 뭘 딸 수 있는지는 아무도 말해주지 않았다. 나는 개의치 않았다.

그러나 감정은 흉내내다보면 진짜가 되기 마련이다. 캐서린이 아파서 약속 장소에 오지 못한 날, 프레더릭은 묘한 허전함을 느낀다.

I went out the door and suddenly I felt lonely and empty. I had treated seeing Catherine very lightly, I had gotten somewhat drunk and had nearly forgotten to come but when I could not see her there I was feeling lonely and hollow.

문밖으로 나오자 갑자기 외로움과 허전함을 느꼈다. 나는 캐서린을 만나는 걸 매우 가볍게 여겼었다. 좀 취했다고 그녀를 만나러 오는 것도 거의 잊어버리고 있었다. 그러나 거기에서 그녀를 만나지 못하자 나는 쓸쓸함과 공허를 느끼고 있었다.

*

폴린과 헤밍웨이가 두 아들을 낳고 살았던 그 집에 들어갔을 때, 가이드 투어가 막 시작되었다. 미국에 와서 하우스 투어를 즐기게 되었는데, '공간'에서 그 안에 살았던 사람들을 생생하게 느낄 수 있기 때문이다. 헤밍웨이 하우스의 가이드 투어도 일종의 하우스 투어로, 가이드는 각 방을 돌면서 헤밍웨이의 일생에 대해 이야기했다.

그렇지만 내겐 헤밍웨이보다도 아내 폴린이 더 선명하게 잡혔다. 샹들리에를 수집했던 폴린이 고심해 골라 침실 천장에 단 샹들리에며 고급스러운 타일 외장과 식기가 돋보이는 부엌, 그리고 세련된 욕실. 섬세한 취향의 여자가 정성 들여 가꾼 스페인풍의 집.

이 집에서 여자는 두 아들을 낳았고 소설가 남편은 세계문학사에 길이 남을 명작들을 쓰며 명성을 얻는다. 그렇지만 그 남편은, 예전에 자신이 그랬던 것처럼 남의 남자인 헤밍웨이를 탐내는 여자에게 홀려 여자와 집을 떠나버린다. 그리고 새 여자와 함께 쿠바에 정착해 불후의 명작『누구를 위하여 종은 울리나』를 쓴다.

남편이 떠난 집에 아들 둘과 함께 남겨진 여자, 폴린의 슬픔과

헤밍웨이 집필실 맞은편 등대에서 보이는 키웨스트 풍경.

키웨스트의 어니스트 헤밍웨이 하우스 벽에 걸린 헤밍웨이의 아내들 사진. 윗줄 맨 왼쪽이 해들리, 그 옆이 폴린, 그 아래 남자가 헤밍웨이. 맨 아랫줄 맨 왼쪽이 마사, 그 옆이 헤밍웨이와 메리다.

절망이 집 안 곳곳에 배어 있는 것만 같았다. 아마도 그녀는 인과응보의 법칙을 깨닫고 헤밍웨이의 첫 아내에게 깊은 죄책감을 느끼지 않았을까? 폴린은 56세라는 이른 나이에 쇼크사하는데 성정체성에 혼란을 느끼던 아들 그레고리가 여자 화장실에 침입해 체포당한 충격이라 전해진다.

집을 둘러보며 내내 기분이 묘했다. 아마도 쿠바의 헤밍웨이 집을 미리 보고 왔기 때문인 것 같았다. 두 집은 쌍둥이처럼 닮아 있었다. 집필실이며 풀장이 있는 구조, 뜰의 개와 고양이 무덤, 벽에 걸린 동물 박제까지. 두 집이 닮은 건 헤밍웨이의 취향 때문일까, 아니면 폴린의 취향 때문일까. 키웨스트의 집에 비해 쿠바의 집이 관리가 부실한 것이 눈에 띄어 속상하기도 했다. 피델 카스트로는 집권 후 쿠바 내 미국인들의 재산을 모두 국가에 귀속시켰고 유럽에 있던 헤밍웨이는 다시 쿠바로 돌아오지 못하고 수천 권의 장서가 있는 쿠바 집을 몽땅 빼앗긴다. 그 집 덕에 지금 쿠바 정부가 엄청난 관광 수입을 올리고 있으니 아이러니한 일이다.

폴린과 헤밍웨이의 첫 아내 해들리는 나중에는 친구로 지냈는데 그때 헤밍웨이는 이미 네번째 아내와 살고 있었다고 한다. (『노인과 바다』는 네번째 아내 메리와 살 때 쓴 작품이다.) 헤밍웨이의 집을 둘러보는 동안, 내린다던 비가 잠시 흩뿌리고 곧 그쳤다. 기념품점에 들렀다 집 곳곳을 점령하고 있는 여섯 발가락 고양이들(헤밍웨이가 길렀던 고양이의 후손이라고)을 쓰다듬어준 후 헤밍웨이의 집, 아니 폴린의 집을 나서 헤밍웨이의 집필실 창에서 보이던 맞은편 등대로 향했다. 기념품점에서 산 캔버스 토트백에 적힌 헤밍웨이의 말을 중얼거려보았다. "I want to get to Key West and away from it all(키웨스트로 가서 이 모든 것에서 벗어나고 싶어)."

A Caribbean Mystery

카리브해의 미스터리
애거사 크리스티(Agatha Christie, 1890~1976)

'카리브해'라는 말을 들으면 무엇이 생각나는가? 아마도 많은 이들이 디즈니 테마파크에 있는 동명의 어트랙션에서 영감을 받아 제작한 영화 「캐러비안의 해적」을 환기할 것이다. 그렇지만 나는 언제나 애거사 크리스티가 1964년에 발표한 소설 『카리브해의 미스터리』를 떠올렸다. 책등이 빨간 해문출판사판 『카리브해의 비밀』로 이 책을 처음 읽은 10대 때 이후, 줄곧 이 책을 기억에서 지운 적이 없다. 영국 시골 마을 세인트메리미드에 사는 할머니 탐정 미스 마플이 카리브해의 섬 생오노레로 휴가를 떠나며 벌어지는 이야기다. 미스 마플과 함께 골든팜호텔에 묵고 있던 손님들이 하나하나 죽어나가고, 미스 마플은 평소처럼 추리력을 발휘해 사건을 해결해나간다. 미스 마플은 일생을 세인트메리미드라는 소우주小宇宙에서 거의 벗어나본 적이 없지만, 그 소우주가 곧 대우주로 확장한다는 믿음을 갖고 사는 인물. '아무리 작은 시골 마을에서도 살인은 일어나고, 인간의 본성은 대도시에서나 시골 마을에서나 같다'라는 믿음이 미스 마플이 살인의 실마리를 풀고 범인을 찾아내는 근거가 된다. 휴양지에서 일어난 연쇄살인이라는 모티프는 어쩌면 흔해 빠진 것이지만, '카리브해'라면 이야기가 달랐다. 1990년대 초 대한민국의 10대 소녀에게 '카리브해'란 평생 가볼 일 없을 것 같은 이국적인 장소였으니까. 미스 마플 역시 우중충한 영국 날씨와는 달리 언제나 태양이 내리쬐고, 야자수가 바람에 흔들리며, 아침으로는 파파야가 올라오고 원주민 메이드가 시중을 드는 풍경에서 이국적인 정취를 느낀다.

미국에 체류하며 세인트마틴, 멕시코 칸쿤, 쿠바 바라데로 등 카리브해 연안의 여러 장소를 여행했다. 애거사 크리스티가 묘사한 카리브해의 풍경에 대체로 수긍하지만 단 하나, '쪽빛 바다 deep blue of a Caribbean Sea'라는 표현만은 동의할 수 없다. 카리브해는 쪽빛이 아니라 옥색 바다 turquoise sea다.

13   먼 북소리, 세인트마틴

세인트마틴Saint Martin이라는 지명을 내게 처음 알려준 사람은 친구 제이미였다. 함께 캐나다 프린스에드워드 아일랜드에서 『빨강 머리 앤』 기행을 하던 중 작년 크리스마스에 뭘 했는지에 대한 이야기가 나오자 그는 말했다.
"혼자 세인트마틴 여행을 다녀왔어."
세인트마틴이라니, 처음 들어보는 곳인데…….
"거기가 어디야?"
"서인도제도에 있는 섬이야. 공항 활주로 끝에 해변이 있어서 해수욕을 하며 머리 위를 스치듯 지나가는 비행기를 볼 수 있어."
서인도제도라면 카리브해 아닌가? 재미있겠다! 예정에 없던 여행지였고, 귀국이 두 달도 채 남지 않은 시점이었지만 주저 없이 비행기 표를 끊었다. 충동적이었지만 나름 이유가 있는 여행이었다. '집필'. 이 책의 모체인 『바람과 함께, 스칼렛』을 쓰던 중이었는데 도무지 진도가 나가지 않아 난항을 겪고 있었다. 환경을 바꾸면 글이 잘 써질지도 몰라. 창밖으로 바다가 보이는 곳에서 글을 쓰면 집중이 잘되지 않을까? 어딘가로 훌쩍 떠나, 세계 곳곳에서 글을 써보는

야자수 우거진 세인트마틴의 해변.

일에 대해 환상을 갖게 된 건 8할이 무라카미 하루키 때문이다.

> 어느 날 아침 눈을 뜨고 귀를 기울여 들어보니 어디선가 멀리서 북소리가 들려왔다. 아득히 먼 곳에서, 아득히 먼 시간 속에서 그 북소리는 울려왔다. 아주 가냘프게. 그리고 그 소리를 듣고 있는 동안, 나는 왠지 긴 여행을 떠나야만 할 것 같은 생각이 들었다.*

마흔을 앞둔 하루키는 멀리서 울리는 북소리에 이끌려 3년간 그리스, 이탈리아 등 유럽에 체류한다. 그 여행의 기록을 책으로 남긴 것이 『먼 북소리』다. 하루키는 인생의 한 단계를 지나며 안주하지 않고 이국異國에서 낯선 감각을 느껴보고 싶었던 모양인데, 이미 미국이라는 이국에 살고 있는 내게는 딱히 그런 감각이 더 필요하진 않았지만…… 어쨌든 나도 마흔을 앞두고 있었고, 글을 써야만 했다. 하루키와 카리브해, 그 둘이 낯선 섬 세인트마틴으로 향하도록 나를 추동한 '먼 북소리'였다.

*

카리브해라는 지명을 들으면 항상 '이그조틱exotic'(이국적인)

---

* 무라카미 하루키, 『먼 북소리』, 윤성원 옮김, 문학사상사, 2004년.

내가 묵었던 세인트마틴 숙소 애저호텔의 안뜰.

『카리브해의 미스터리』
1964년 초판본.

이라는 단어가 함께 떠오른다. 카리브해라는 곳을 처음 알게 된 건 초등학생 때 애거사 크리스티의 소설『카리브해의 비밀』을 읽으면서였다. 당시 내가 읽은 판본은 빨간색 책등에 제목이 흰 글씨로 적히고 아래쪽에 팬더 무늬 로고가 있는 해문출판사 판. 표지에는 카리브해가 있는 곡면이 드러나도록 지구를 찍은 사진이 실려 있었다. 이 책은 이후 황금가지에서『카리브해의 미스터리』라는 제목으로 새로 번역되어 나왔는데, 황금가지판 표지에는 야자수 우거진 해변이 그려져 있다.

  소설은 할머니 탐정 제인 마플이 폐렴을 심하게 앓은 직후 소설가인 조카 레이먼드 웨스트의 권유로 휴양 삼아 카리브해의 섬 생오노레에 머무르게 되면서 벌어지는 일을 그린다. 평생 영국 시골 마을 세인트메리미드를 벗어난 적이 없던 마플에게 카리브해는 그야말로 '이그조틱'한 곳이었다. 쪽빛 바다와 야자수는 물론이거니와 흐리고 비바람 부는 날이 잦은 영국과 달리 화창한 기후까지. 막상 마플은 "혹독한 영국 기후에서 벗어나 근사한 방갈로를 혼자 쓰는데다, 친절한 미소를 띤 서인도제도 아가씨들이 시중을 들어주는"데도, 그곳을 크게 좋아하지 않았다.

> Lovely and warm, yes-and *so* good for her rheumatism-and beautiful scenery, though perhaps-a trifle monotonous? So many palm trees. Everything the same everyday-never anything happening.

사랑스럽고 따뜻한 곳이었다. 그렇다. 류머티즘에도 아주 좋았고, 경치도 아름다웠다. 그렇지만 좀—단조롭다고 해야 할까? 야자수가 너무 많았다. 모든 것이 매일 똑같았고—아무 일도 일어나지 않았다.

느긋한 생활이 슬슬 지루해질 때쯤, 사건이 터진다. 마플과 같은 호텔에 머물던 퇴역 군인 팔그레이브 소령이 숨진다. 사인死因은 약물. 이윽고 두 여성이 연이어 살해당한다. 팔그레이브 소령은 살해당한 걸까, 아니면 실수로 치사량의 약물을 복용한 걸까? 두 여성을 죽인 범인은 같은 사람일까, 아니면 다른 사람일까? 마플은 언제나처럼 기지와 추리력을 발휘해 수수께끼를 해결해나간다.

*

크리스티의 그 작품을 좋아했지만, 실제로 내가 카리브해에 갈 수 있으리라고 생각했던 적은 없었다. 그 바다는 대서양의 일부지만 대서양보다 더 이국적으로 느껴졌고, 인도양이나 남극해, 북극해보다도 심리적 거리감이 있었다.
그런데 미국인들에게 카리브해는 내가 느낀 것만큼 '이그조틱'한 곳은 아닌 듯했다. 그들에게도 카리브해의 국가들은 타국이긴 했으나 익숙한 휴양지였다. 우리가 동남아에서 휴가를 보내듯 그들은 카리브해로 휴가를 떠나곤 했다.

프랑스령 세인트마틴의 북동쪽 해안에
위치한 피넬 아일랜드 Pinel Island.

『카리브해의 미스터리』를 좋아했지만, 실제로
내가 카리브해에 갈 수 있으리라고 생각했던
적은 없었다. 그 바다는 대서양의 일부이지만
대서양보다 더 이국적으로 느껴졌고,
인도양이나 남극해, 북극해보다도 심리적
거리감이 있었다.

세인트마틴의 바다가 내가 경험한 첫 카리브해는 아니었다. 칸쿤도, 쿠바의 대표적인 휴양도시 바라데로도 카리브해 연안이었다. 그렇지만 그 바다는 애거사 크리스티 소설에 나오는 카리브해와는 어쩐지 다르게 느껴졌다. 소설 속 한 장면의 일부가 된 것처럼 느끼려면, 그러니까…… 좀더 섬 느낌이 나야만 했다.

그런 면에서 세인트마틴은 '애거사 크리스티 소설에 나오는 카리브해'를 만끽하기에 더할 나위 없는 곳이었다. 절반은 네덜란드령, 절반은 프랑스령인 독특한 섬으로 네덜란드어로는 '신트마르턴 Sint Maarten', 프랑스어로는 '생마르탱 Saint-Martin'이라 불린다. (나는 미국에 체류하던 중 세인트마틴을 여행했으므로, 이 글에서는 미국식으로 '세인트마틴'이라 표기하겠다.)

기원전 2000년경부터 아메리카 원주민들이 이 섬에 거주했고, 이후 아라와크족과 카리브족이 살았다. 1493년 11월 11일 이 섬을 발견한 크리스토퍼 콜럼버스는 그날이 '자비와 나눔'의 상징인 성 마르틴 축일이라는 것에 착안해 이 섬을 명명했다. 17세기 초 프랑스와 네덜란드는 이 섬의 소유권을 놓고 경쟁했으며 1648년 콩코르디아조약을 통해 섬을 평화롭게 분할하기로 합의했다.

서인도제도의 섬 이름에 '세인트'가 붙은 경우가 많은 건 유럽 탐험가들이 섬을 발견한 날이 축일인 성인 이름을 따거나, 자신의 수호성인 이름을 따서 섬 이름을 지었기 때문이다. 크리스티가 『카리브해의 미스터리』를 쓸 때 가상의 장소인 섬 이름을 '생오노레 St. Honore'라 지은 건 이런 이유 때문일 것이다. 크리스티는

자신이 휴가를 보낸 적 있는 바베이도스, 그리고 소설 속 풍광과
유사한 점이 많은 세인트루시아, 두 나라를 모델로 생오노레를
창조했다고 한다. 생오노레가 제과 제빵의 수호성인이라는 건 좀
의아하지만.

※

　제이미가 추천한 숙소, 애저호텔Azure Hotels은 아티스트인 젊은
미국인 부부가 운영하는 곳으로 네덜란드령인 심슨 베이에 있었다.
숙소 바로 앞에 한적한 해변이 있고, 방에서도 파도 소리가 들렸다.
『카리브해의 미스터리』에서 마플은 젊은 영국인 부부가 운영하는
골든팜호텔에 묵는다. 참고로 애거사 크리스티가 1950년대
바베이도스를 방문했을 때 묵은 호텔의 이름은 코럴리프클럽Coral
Reef Club. 『카리브해의 미스터리』 첫 장에는 이런 헌사가 있다.
"서인도제도를 방문했던 즐거운 기억을 떠올리며, 내 오랜 친구 존
크루익섕크 로즈에게." 존 크루익섕크 로즈는 영국의 건축가이자
고고학자로 크리스티 부부의 오랜 친구였다고 한다.
　제이미가 말한 대로 세인트마틴의 가장 큰 볼거리는 비행기다.
프린세스 율리아나 공항 활주로와 이어지는 마호비치에서 비행기가
바다를 건너오며 착륙하는 모습을 볼 수 있기 때문이다. 활주로와
해변이 지근거리라 해변에 앉아 있노라면 손을 뻗으면 닿을 것처럼
머리 위를 비행기가 스쳐지나가는 경험을 할 수 있다. 관광객들이

워낙 비행기를 많이 보러 오기 때문에 숙련된 조종사들은 일부러 땅에 닿을 듯 아슬아슬하게 착륙하기도 한다고 했다.

해변의 카페에 서핑 보드 모양의 간판이 서 있고, 기종별 비행기가 착륙하는 시간이 적혀 있었다. 하루에도 여러 번 비행기가 착륙하는데 큰 비행기가 아무래도 인기가 있었다. 무거운 동체가 땅을 스치듯 하강하는 모습이 장관이기 때문. 한때 네덜란드항공 747기가 가장 인기 있는 기종이었다는데, 내가 세인트마틴을 찾았을 때는 운항을 중단한 후였다.

종일 해변에 앉아 비행기가 착륙하는 걸 지켜본 날이 기억난다. 몇 번이고 의자를 옮겨가며 해가 지는 걸 바라보곤 했던 어린 왕자처럼, 카페에서 빌린 선베드에 누워 자세를 고쳐가며 비행기를 감상했다. 햇볕에 달아 몸이 뜨거워지면 바닷물에 들어가 몸을 식혔다가 한기가 들면 다시 선베드로 자리를 옮겨 햇볕을 쬐며 몸을 덥혔다. 비행기는 처음에는 그저 수평선 너머 한 쌍의 작은 불빛이다. 이윽고 작은 새처럼 모습을 드러내고 점점 해안으로 가까이 오며 몸집을 부풀린다. 헤엄치던 사람들도 일광욕하던 사람들도 일제히 환호한다. 저 무거운 쇳덩이가 어떻게 떨어지지 않고 하늘에 떠 있는가. 경이에 가까운 의문이 머릿속을 지배하며, 인간이 만든 위대한 발명품을 모두가 찬탄하는 순간……. 금방이라도 백사장을 스칠 것 같은 비행기를 찍은 관광엽서가 이 섬의 대표 기념품이다.

이륙하는 비행기의 후류 jet blast를 맞는 것도 착륙하는 비행기를

프린세스 율리아나 공항 활주로와
이어지는 마호비치에서 종일 비행기가
아슬아슬하게 다가오는 장면을 보았다.

구경하는 일과 함께 이 섬의 대표적인 엔터테인먼트 중 하나다. 덩치 큰 비행기가 이륙할 때는 후류가 무척 세서 모자며 타월은 물론이고 사람도 훅 날아갔다. 예전에는 사람들이 공항 울타리에 매달려 바람을 맞았다는데 인명 사고가 몇 번 난 이후 안전 문제로 금지되어 있었다. 비행기 이착륙을 보겠다고 목숨을 걸다니, 인간은 얼마나 어리석으면서도 용감한 존재인지. 애거사 크리스티가 이 섬을 방문했다면 비행기를 소재로 한 추리소설을 썼을지도 모르겠다.

*

Miss Marple ate her breakfast and decided how she would spend her day. It didn't really take much deciding. She would get up at her leisure, moving slowly because it was rather hot and her fingers weren't as nimble as they used to be. Then she would rest for the minutes or so, and she would take her knitting and walk slowly along towards the hotel and decide where she would settle herself. On the terrace overlooking the sea? Or should she go on to the bathing beach to watch the bathers and the children? Usually it was the latter. In the afternoon, after her rest, she might take a drive, It really didn't matter very much.

Today would be a day like any other day, she said to herself.
Only, of course, it wasn't.

미스 마플은 아침을 먹고 하루를 어떻게 보낼지 생각했다. 고민하는 데 시간이 오래 걸리지는 않았다. 느긋하게 일어나 천천히 움직일 참이었다. 날이 꽤 덥기도 했고 손가락도 예전만큼 재빠르지 않았기 때문이다. 그다음엔 10분 정도 쉬었다가 뜨개질감을 들고 천천히 호텔로 걸어가서 어디에 자리를 잡을지 결정할 생각이었다. 바다가 내려다보이는 테라스에 앉을까? 아니면 해수욕장까지 가서 해수욕하는 사람들과 아이들을 구경할까? 보통은 후자를 택했다. 오후에는 좀 쉬다가 드라이브를 할 수도 있다. 사실 뭘 하든 별 상관 없었다.

오늘도 다른 날들과 비슷하겠지, 그녀는 생각했다.

물론, 그렇지 않았다.

섬에 도착한 지 사흘째 되는 날은 어쩐지 심심해서 택시를 타고 프랑스령인 오리엔트비치로 넘어가봤다. 미국화된 더치 사이드Dutch Side가 복잡하고 건조하다면 프렌치 사이드French Side는 좀더 느긋한 분위기라고 프랑스 여권을 갖고 있다는 택시기사가 얘기해주었다. 프렌치 사이드의 해변은 모두 여성 상반신 누드, 즉 토플리스topless가 허용된다는데 아니나다를까 상반신을 드러낸 채 일광욕하거나 해변을 걷는 여자들을 목격할 수 있었다. 해변의 몇몇 바에서는 토플리스 여성에게 공짜 음료를 주는 이벤트도

누드 비치를 알리는 간판.

진행중이었다.

　오리엔트비치에 있는 누드 비치를 한번 가보기로 했다. 누드 비치라 했지만 '선택적 의복 착용 clothing optional' 지침을 시행중이라 옷을 입고 싶은 사람은 입어도 됐다. 살색으로 넘쳐나는 해변에서 자외선을 싫어하는 한국인답게 수영복 위에 흰색 긴팔 셔츠를 걸치고, 모자에 선글라스까지 착용하고 있자니 나라는 존재가 불협화음처럼 느껴졌다.

　프랑스와 일부 유럽 문화권에서 해변에서 여성이 상반신을 노출하는 걸 자연스럽게 여기는 건 몸에 대한 인식이 우리와 다르기 때문이다. 1960년대에서 1970년대 프랑스의 성해방 운동가들은 여성의 몸을 더이상 수치심이나 금기의 대상이 아니라 주체적이고 자연스러운 것으로 바라보자고 주장했다. 그들에게 해변에서의 토플리스란 음란함이라기보다는 편안함과 자유로움, 남성과 마찬가지로 온몸에 햇볕을 고루 쬐며 속박 없이 쉴 권리로 여겨진다. 오리엔트비치에는 선택적 의복 착용을 지침으로 하는 호텔도 있는데, 이 역시 자연주의적인 관점으로 운영되는 곳이라고 했다.

　그러나 누드 비치에서 역설적으로, 나는 왜 인간이 옷을 입어야만 하는지 이해하게 되었다. 옷은 신체의 결점을 가려주는 역할을 하기 때문이다. 모델이 아닌 평범한 인간의 누드는 아름답기 힘들다. 벌거벗은 평범한 몸이 와글거리고 있는 풍경은, 남녀가 섞여 있음에도 전혀 섹슈얼한 인상을 주지 않았다. 수돗물 대신 바닷물을 채운 대중탕 같은 느낌. 일견 여러 벗은 몸이 엉켜 있는 미켈란젤로의 시스티나성당 천장화를 연상시키기도 했다. 그렇지만 축 늘어진 뱃살, 튼살 자국이 있는 엉덩이를 전혀 부끄러워하지 않고 해변을 활보하며 수영하고 공놀이 하는 사람들은 그 당당함만으로 이미 충분히 아름다워 보이기도 했다. 한국인에게는 부러운 자유였다. 나무 그늘의 해먹에 한 여성이 나신을 드러낸 채 잠들어 있었다. 크리스티 소설의 한 장면이 생각났다.

> The beach was rather empty this morning. Greg was splashing in the water in his usual noisy style, Lucky was lying on her face on the beach with a sun-tanned back well oiled and her blonde hair splayed over her shoulders.

그날 아침 해변은 꽤 한산했다. 그레그는 물속에서 여느 때처럼 시끄럽게 물장구를 치고 있었고, 러키는 해변에 엎드려 있었다. 그녀의 등은 오일을 고루 발라 보기 좋게 햇볕에 그을려 있었고, 금발머리는 어깨 위로 흩어져 있었다.

*

> It was mid-morning on the beach below the hotel. Evelyn Hillingdon came out of the water and dropped on the warm golden sand. She took off her bathing cap and shook her dark head vigorously. The beach was not a very big one. People

tended to congregate there in the mornings and about 11:30 there was always something of a social reunion. To Evelyn's left in one of the exotic-looking modern basket chairs lay Señora de Caspearo, a handsome woman from Venezuela. Next to her was old Mr. Rafiel who was by now the doyen of the Golden Palm Hotel and held the sway that only an elderly invalid of great wealth could attain.

아침나절 호텔 아래쪽 바닷가에서였다. 이블린 힐링던은 물에서 나와 따뜻한 금빛 모래 위에 털썩 앉았다. 그녀는 수영모를 벗고 검은 머리카락을 힘차게 털어냈다. 그리 넓은 해변은 아니었다. 사람들은 주로 오전 시간에 여기서 모이곤 했기 때문에, 11시 30분쯤 되면 언제나 일종의 사교 모임 분위기가 만들어지곤 했다. 이블린 왼쪽에 있는 이국적인 형태의 모던한 버들가지 의자에는 베네수엘라 출신의 아름다운 여성, 드 카스페아로 부인이 누워 있었다. 그 옆에는 골든팜호텔의 원로인 라피엘 씨가 막대한 재산을 가진 고령의 환자만이 가능한 위엄을 보이며 앉아 있었다.

숙소는 좀 낡긴 했지만 대체로 만족스러웠다. 비수기라 60퍼센트 할인한 덕에 4박이 세금을 포함해 249달러. 침대도 킹베드고 부엌에 조리 기구까지 있었다. 급하게 예약하느라 비행기 표를 좀 비싸게 샀지만 숙소 가격이 좋으니 선방했다 싶었다. 그렇지만 여행의 가장 큰 목적인 집필에는 도무지 진척이 없었다. 뉴욕에서도 안

써지던 글이 바닷가에서 써질 리가. 사흘째 오후가 되었는데 노트북 컴퓨터는 열어보지도 않았다. 귀국 전 최대한 많은 경험을 해야 한다는 의무감 때문에 조급해진 탓도 있었다. 평생 다시 올 것 같지 않은 세인트마틴에서만 할 수 있는 경험을 모니터 앞에 앉아 있느라 날려버리고 싶지 않았던 것이다.

카리브해의 물빛은 해안에 가까울수록 신기하게도 옥색이다. 물속의 하얀 모래가 햇볕에 반사되어 수면을 비취색으로 보이게 하는 거라고 했다. 투명한 제이드 그린의 바다에서 스노클링을 하고 싶다는 생각이 들었는데 숙소 호스트가 보내준 '이 섬에서 반드시 해야 할 것' 리스트를 보니 '밥 선장의 스노클링 트립'이라는 것이 있었다. 검색해보니 세인트마틴 투어 중 트립어드바이저 1위. 즉시 투어 운영자에게 참가하겠다는 메일을 보냈다.

세인트마틴이 캐러비안 크루즈의 기항지 중 한 곳이라 그런지 주로 크루즈 여행객들이 참가하는 투어였다. 아침 일찍 택시를 불러 부두로 갔는데 역시 혼자 온 사람은 나밖에 없네…… 그러나 익숙한 상황이므로 개의치 않기로 했다. 여섯 시간 동안 보트를 타고 이 섬 저 섬을 들러 스노클링하고 점심을 먹고 돌아오는 '아일랜드 호핑 투어'에 참가하면서 내가 가장 고민한 것은 혼자라는 사실이 아니라 '햇볕'이었다. 여섯 시간이나 땡볕을 쬐면 피부가 완전히 익을 텐데…… 여행 준비를 하면서 한국 어머니들이 사랑하는 회심의 비치웨어, 래시가드를 준비해 갔는데 가격은 한국에 비해 놀랄 만큼 저렴하지만 색상도 디자인도 다양하지 않았다. 미국에서는 서퍼들

외에는 입지 않는 옷이라고 했다.

내가 탄 보트에는 몬트리올, 캘리포니아 등 다양한 곳에서 온 승객들이 있었는데, 남녀 막론하고 래시가드를 입은 사람은 나밖에 없었다. 내가 래시가드를 샀다는 이야기를 들은 친구들은 입을 모아 말했다. "입지 마. 래시가드 입으면 수영복 태가 안 나서 맵시가 살지 않아. 그리고 한국인인 거 굳이 티 낼 일 있어? 절대 입지 마."

그렇지만 내겐 옷태보다 살갗이 타지 않는 게 더 중요했다. '어차피 동양인은 나밖에 없는데 한국인 티 나면 뭐 어때?' 생각하며 승선할 때부터 래시가드를 착용하고 있었다. 그리고 한 시간쯤 지나자 모두 햇볕에 벌겋게 덴 채 "너 참 똑똑하다(Very smart of you)"며 나를 부러워하기 시작했다. 훗, 한국의 흔한 비치 패션일 뿐.

의기양양했던 것도 잠시, 혼자 동양인에, 나만 혼자 온데다, 홀로 눈에 띄는 래시가드를 입고는 첫번째 스노클링 장소에서 길을 잃었다. 스노클링이 끝나면 배로 돌아와야 하는데 엉뚱한 배와 헷갈린 것이다. 스위밍 누들swimming noodle이라는 대형 수수깡에 의지한 채, 토플리스도 흔한 해변에서 혼자 래시가드 입고 오리발로 물장구치고 있는 동양 여자를 하멜을 발견한 조선인들의 눈빛으로 구경하는 양인洋人들에게 길 잃었다며 도와달라 통사정……. 내가 실수로 찾아간 배는 해안에 있는데, 우리 배는 저멀리 바다에 있네. 구명조끼도 없이 수수깡에 의지해 멀리까지 헤엄쳐 갈 생각을 하니 아득했다. 혼신의 힘을 다해 물장구치고 있는데 나 말고 다 승선. 수수깡과 오리발로는 속도에 한계가 있는데…… 순간 우리 배에서 한 남자가 물속으로 뛰어들어 나를 향해 헤엄쳐 온다. 내 곁에 다다르자 배영으로 자세를 바꾸더니 손을 잡아 배까지 이끌어줬다.

용감한 정의의 사도 이름은 '앨런'이라고 했다. 그는 이후 점심을 먹으러 다른 섬에 들를 때도 내 가방을 대신 들고 헤엄쳐 가주었으며, 두번째 스노클링 때는 노심초사하며 내 옆에 붙어서는 승선할 시간이 가까워오자 배로 돌아가야 한다며 인도한 후 배 위로 끌어올려주었다. 어디 그뿐인가. 부탁하지 않았는데 사진도 여러 장 찍어주었다. 여러모로 다정한 사람이었다. 하도 고마워서 거듭 인사했더니 "예쁜 여자가 내가 손을 잡아주길 바라는 게 매일 있는 일은 아니잖아"라며……(네 말이 더 예쁘다, 얘).

앨런뿐 아니라 같이 크루즈 여행중이라는 그의 여동생과 어머니도 "혼자 여행하는 거냐"며 내게 무척 친절해서 '설마, 나 동정받고 있는 건가'라는 생각이 들 정도였다.

세인트마틴으로 돌아오는 길에 앨런과 이런저런 얘기를 했다. 그는 외과의사인데 뉴욕에서 2년 살았지만 캘리포니아가 너무 그리웠고 홀어머니와 여동생을 돌봐야겠다는 생각에 고향으로 돌아갔다고 한다. "우리 셋은 모든 걸 함께해"라고 그는 말했는데, 장성한 아들이 엄마 모시고 여동생과 함께 여행이라니 미국 가족이 아니라 한국 가족 같다는 생각이 들었다. 다시 부두에 도착해 하선, 세 명 다 물개처럼 수영을 잘하던 앨런 가족과 헤어져 숙소로 귀환했다.

그날 저녁에는 비상식량으로 갖고 온 라면을 끓여 먹었다.

스노클링 투어중 배를 타고 가다 본 도널드 트럼프의 별장
르 샤토 데 팔미에 Le Château des Palmiers.

지쳐서 밥 먹으러 나갈 기운이 없기도 했고, 투어 비용을 내느라 현금이 2달러밖에 남지 않아서 신용카드 받지 않는 곳이 많은 이 섬에서 비상금을 확보해야 하기도 했다. 라면 냄새를 맡은 건지 검지 손가락만한 바퀴벌레가 옷장 뒤에서 기어나왔다. 혼비백산해 호스트에게 연락했고, 결국 방을 옮겼다. 밤에 스콜이 쏟아졌다. 『카리브해의 미스터리』에 이런 구절이 있다.

> Now that she had been here a week, Miss Marple had cured herself of the impulse to ask what the weather was like. The weather was always the same—fine. No interesting variations. "The many-splendoured weather of an English day," she murmured to herself and wondered if it was a quotation, or whether she had made it up.
> There were, of course, hurricanes, or so she understood. But hurricanes were not weather in Miss Marple's sense of the word. They were more in the nature of an Act of God. There was rain, short violent rainfall that lasted five minutes and stopped abruptly. Everything and everyone was wringing wet, but in another five minutes they were dry again.

이곳에 머문 지 일주일이 되자 미스 마플은 날씨가 어떤지 묻고 싶은 충동을 가라앉혔다. 날씨는 언제나 똑같았다—좋았다. 흥미로운 변화란 전혀 없었다.

"영국의 다채롭고 찬란한 날씨여!" 미스 마플은 혼자 중얼거리고는 그것이 어디선가 인용한 말인지, 아니면 자신이 지어낸 말인지 궁금해했다.

물론 이곳에도 허리케인 같은 것이 있다고 들었다. 그렇지만 미스 마플이 감각하는 세상에서 허리케인이란 날씨가 아니었다. 신의 섭리에 가까웠다. 비가 내리긴 했다. 5분쯤 짧고 격렬하게 쏟아지다가 갑자기 그쳤다. 사람이든 사물이든 모두 흠뻑 젖지만, 5분이 지나면 언제 그랬냐는 듯 다시 바짝 말라 있었다.

✽

세인트마틴에서 머무른 4박 5일간 원고는 한 줄도 쓰지 못했다. 그렇지만 매일 뭔가를 쓰긴 했다. 하루가 끝날 때쯤 종일 있었던 일들을 일기와 기행문을 결합한 형식으로 적어 페이스북에 올렸다. 그 글이 지금 이 글의 초고가 되었으니 집필 여행이라는 테마에는 어느 정도 부합했다고 믿는다. 마침내 서인도제도에서의 경험을 바탕으로 글을 쓰게 되었으니, 존경하는 애거사 크리스티와 한 발짝쯤 더 가까워진 건가? 내가 만일 『카리브해의 미스터리』를 쓴다면 앨런을 비롯해 호핑 투어에 함께했던 이들을 등장인물의 모델로 삼을 수 있을 것 같다.

귀국한 지 한 달여쯤 되었을 때 슬픈 소식을 들었다. 세인트마틴, 바라데로, 키웨스트…… 내가 다녀온 카리브해의 아름다운 해변이 허리케인 어마의 습격으로 초토화되었다는 뉴스였다. 허리케인과 이후 코로나19의 여파로 세인트마틴의 관광산업은 오랫동안 난항을 겪었다.

가끔씩 페이스북 '과거의 오늘'에 세인트마틴을 추억하게 하는 사진들이 뜬다. 그중 세인트마틴공항 면세점에서 사 온 구아바베리 럼으로 룸메이트들과 함께 칵테일을 만들어 먹으며 남긴 사진이 있다. 체리와 닮은 열대과일 구아바베리로 만든 럼은 세인트마틴의 특산물. 투어하던 중 들렀던 섬에서 맛본 구아바베리 콜라다가 인상적이라고 했더니 요리에 관심이 많은 소진이 파인애플 주스와 코코넛 크림을 섞어 만들어주었다. 상큼하면서 달콤한 맛. 세인트마틴에서의 추억은 옥빛 바다, 다정한 앨런, 끔찍한 바퀴벌레, 그리고 핑크색 구아바베리 콜라다의 산뜻한 맛으로 남아 있다. 미스 마플과 나의 가장 큰 차이는 섬에서 먹은 과일에 대한 만족도인 것 같다.

Miss Marple had her breakfast brought to her in bed as usual. Tea, a boiled egg, and a slice of pawpaw.
The fruit on the island, thought Miss Marple, was rather disappointing. It seemed always to be pawpaw. If she could have a nice apple now—but apples seemed to be unknown.
미스 마플은 언제나처럼 아침식사를 침대로 가져오도록 했다. 차, 삶은 달걀 하나, 그리고 파파야 한 조각.

이 섬의 과일이란, 좀 실망스럽단 말이야, 미스 마플은 생각했다. 항상 파파야만 나오는 것 같았다. 맛있는 사과라도 하나 먹을 수 있으면 좋으련만―사과는 이곳에서 미지의 과일 같았다.

에필로그
끝나지 않은 문학 여행
『빙점』

비행기가 서서히 하강하자 설원雪原이었다. 겨울 오후의 희끄무레한 햇살을 반사하는 백색 벌판에 까만 침엽수가 가시 철조망처럼 놓여 있었다. 유리창에 이마를 대었더니 싸늘했다. 비행기는 이내 아사히카와旭川공항에 착륙했다. 2월 초순이었다.

"아사히카와? 그게 어디야? 처음 들어봐." 겨울 휴가지를 아사히카와로 잡았다고 했더니 친구들은 의아해하며 말했다. 홋카이도에 가면서 왜 굳이 삿포로가 아닌 다른 도시를 가느냐는 것이었다. 아시아나항공이 겨울 휴가철에 한시적으로 운항한 인천발 아사히카와 직항 항공권을 끊은 것은 오로지 『빙점』 때문이었.

『빙점』은 소설가 미우라 아야코三浦綾子, 1922~1999가 1964년에 발표한 장편소설이다. 30여 년 전 소설을 처음 읽은 이후로 나는 언제나 『빙점』의 배경지인 아사히카와에 가고 싶었다. 삿포로에서 기차로 한 시간 정도 가면 홋카이도 제2의 도시 아사히카와에

도착하지만 그렇게 다녀오기에는 꽤나 번거로워서 직항 노선이 개설된 기회를 놓치고 싶지 않았다. 동행으로는 엄마를 섭외했다. 문학을 좋아하는 엄마도 『빙점』의 배경지라니 구미가 당긴다며 흔쾌히 승낙했다. 뉴욕에서 돌아온 후 소설 속 장소를 찾아 나선 건 처음이었다.

*

광복 이후 한국에서 가장 많이 팔린 일본 소설은? 무라카미 하루키 작품이 아니라 『빙점』이다. 그 인기에 힘입어 국내에서도 드라마·영화 등으로 제작되었는데, 작품의 줄거리는 다소 자극적이다.

아사히카와의 외국 수종樹種 견본림 인근에 사는 의사 쓰지구치 게이조의 세 살배기 딸 루리코가 낯선 사내에게 유괴돼 숲속 강가에서 살해당한다. 당시 집 안에서는 게이조의 아내 나쓰에와 게이조가 운영하는 병원의 젊은 안과 의사 무라이가 밀회중이었다. 나쓰에는 무라이와 둘이 있고 싶은 욕심에 엄마를 찾는 루리코를 나가서 놀라며 집밖으로 내보냈다. 이후 이 사실을 알게 된 게이조는 나쓰에에 대한 복수심에 불타 루리코를 죽인 범인의 딸을 입양하고, 나쓰에에게는 아이의 출생 배경을 비밀로 한다.

태어나자마자 어머니가 세상을 뜨고 아버지는 감옥에서 목숨을 끊어 천애고아가 된 이 아이, 요코를 '너의 적敵을 사랑하라'는 성경

말씀에 기반해 용서하고 사랑하려 하나 번번이 실패하고 마는 게이조의 마음속 갈등이 소설을 이끌어가는 한 축이다. 또한 출생의 비밀을 알아버린 나쓰에로부터 괴롭힘 당하면서도 비뚤어지지 않고 곧고 바르게 살아가려는 요코의 의지가 소설을 견인하는 또다른 축이다.

이 밖에 요코를 사랑하는 양오빠 도루, 요코와 쌍방 간에 호감을 느끼는 도루의 친구 기타하라 사이의 삼각관계가 독자의 흥미를 돋운다. 기타하라가 요코를 좋아하는 것을 질투한 나쓰에는 기타하라 앞에서 요코가 범인인 딸이라는 사실을 폭로하고, 죄책감에 시달린 요코는 루리코가 살해당한 강변에서 음독자살을 기도한다.

스토리만 보자면 막장 드라마라 해도 무방하지만 『빙점』은 사실 기독교적 색채가 짙은 소설이다. 작가는 티 없이 맑고 선량하나 죄 속에서 태어난 요코를 통해 '원죄原罪'를 말하고, 후편 『속續 빙점』에서는 '용서'를 이야기한다. 고향 아사히카와에서 잡화점을 운영하던 미우라 아야코는 이 작품이 1964년 『아사히신문』의 1,000만 엔 현상 공모에 최우수작으로 당선되면서 일약 스타 작가가 된다.

∗

『빙점』을 처음 읽은 건 초등학교 고학년 때였다. 당시 음대생에게 피아노 개인 교습을 받았는데 수업을 진행하던 선생님 댁에는 일반 학원과는 달리 어린이들이 읽을 만한 책이 없었다. 수업 차례를 기다리며 지루해하는 내게 선생님이 책장에서 꺼내준 책이 『빙점』과 이문열의 『우리들의 일그러진 영웅』이었다. 초등학생에게도 『빙점』은 충분히 재미있었고, 그 재미는 중학생이 되어서도, 고등학생이 되어서도, 성인이 되어서도, 책을 반복해서 읽게 하는 힘이 됐다. 처음에는 스토리의 흥미진진함에 끌렸다면 나이가 들어서는 주인공 요코의 꿋꿋함에 매혹되었다.

  어머니가 자신을 갑자기 모질게 대하고, 이웃의 속삭임을 듣고 자기가 얻어온 아이라는 걸 눈치챘는데도 자신을 미워하는 사람에게 굴복하지 않겠다며 더욱더 곧고 정결한 마음을 유지하려고 노력하는 요코……. 그 염결성廉潔性이 어린 마음에도 무척이나 아름답고 대단해 보여서 그 삶의 태도를 닮고 싶다고 오랫동안 생각했었다. 수차례 되풀이해 책을 읽으면서 요코 같은 마음을 지니리라 결심했다. 중학교 졸업식 대표로 답사를 맡게 된 요코는 자신이 밤새 정성들여 작성한 답사문을 나쓰에가 백지로 바꿔치기 했다는 사실을 알았을 때, 이렇게 자신을 다독인다.

  나를 낳아주신 엄마라면 그런 고약한 짓을 했을 리가 없다. 나를 낳은 엄마가 만일 그런 짓을 했다면 정말 서글픈 일이겠지만 그렇지 않을 거야. 나는 무슨 일이 있어도 마음이 비뚤어지지는 않을 거야. 그만한 일로 사람을 원망하여 내 마음을 더럽히고

싶지는 않아.•

그 요코의 활동 무대인 아사히카와는 눈의 결정$_{結晶}$처럼 맑고 투명한 도시로 각인되었다. 겨울이 일찍 찾아와 늦게 물러가는 곳. 어린 요코가 눈보라 속에서 무릎까지 눈이 푹푹 빠져가며 우유 배달을 하던 도시. 그 도시에, 마침내 왔다. 쉼 없이 눈이 내렸다. 모자와 어깨, 옷소매에 떨어진 눈은 옷감에 스며들지 않고 툭 떨어내면 흐트러짐 없이 아래로 떨어졌다. 떡가루처럼 포슬포슬하고 입자가 고운 눈이었다.

※

바람 한 점 없다. 동쪽 하늘에 높다랗게 떠 있는, 햇빛에 반짝이는 뭉게구름은 한 폭의 그림처럼 꼼짝도 하지 않는다. 지면에는 스트로부스소나무숲의 짤막한 그림자가 뚜렷이 나타나 있다. 그림자는 마치 살아 있기라도 한 듯 숨 쉬고 있는 것 같다. 아사히카와시 교외 가쿠라읍의 이 소나무숲 바로 옆에 반양옥으로 지은 쓰지구치 병원장의 저택이 조용히 서 있다. 근처에 집이라곤 몇 채밖에 눈에 띄지 않는다.

• 『빙점』의 번역은 모두 범우사에서 1990년에 출간한 최현 역편을 인용했고, 등장인물 이름은 현재의 표기법에 따랐다.

『빙점』은 이런 묘사로 시작한다. 여행 사흘째 오후, 엄마와 나는 마침내 소설 속 그 소나무숲 앞에 서 있었다. 모처럼 눈이 그치고 화창했다. 하늘 높이 솟은 스트로브스소나무 나무껍질과 잎사귀가 햇살을 받아 반짝였다. 눈 쌓인 땅 위에 나무 그림자가 깊었다. 숲 어귀에 미우라 아야코 기념문학관이 있었다. 숲 입구에 선 기둥에 위에서부터 차례로 자연휴양림, 외국수종견본림, 국유림·임야청 등의 팻말이 걸쳐 있고, 맨 아래 "어서 오십시오, 미우라 아야코 기념문학관"이라고 일본어, 영어, 한국어로 적힌 안내판이 붙어 있었다. "엄마, 우리 드디어 왔어." 자그마한 흥분이 물결처럼 일렁였다.

이 숲, 외국수종견본림은 내가 읽은 『빙점』 한글 번역본에는 '시범림'이라 옮겨져 있다. 1898년 일본 정부가 외국에서 여러 수종을 들여와 생육 시험을 하려 조성한 곳이다. 소설에서 루리코가 살해당한 곳이며, 요코가 목숨을 끊으려 한 곳, 소설 속 인물들이 책을 읽으며 쉬거나 산책을 나가는 곳으로, 작품의 주요 무대라 할 수 있다. 미우라 아야코는 남편 미우라 미쓰요가 아사히카와 영림국에서 근무한 덕에 견본림을 자주 찾으며 애착을 가졌다. 『빙점』을 집필할 때도 요코가 숲속 강가에서 극단적 선택을 하는 결말 부분을 가장 먼저 구상한 후 점점 살을 붙여 이야기를 완성했다고 한다.

먼저 문학관부터 들렀다. 소설 속 쓰지구치 가족이 살았던 집 자리에 있다. 미우라 아야코의 일대기를 잘 정리해놓았는데 소설보다 더 소설 같은 삶이었다. 제2차세계대전 전 초등학교 교사로 일했던 홋타 아야코(미우라 아야코의 결혼 전 이름)는 패전을 겪으며 천황을 신이라 가르쳤던 스스로에 대해 염증을 느껴 학교를 그만둔다. 폐결핵, 척추 카리에스 등을 앓으며 10년 넘게 병상에 누워 지냈고, 약혼자와도 파혼한다. 투병중 사귄 어릴 적 친구 마에카와 다다시가 결핵으로 먼저 세상을 떠 절망에 빠져 있던 중, 결핵 환자들을 위한 잡지에서 청한 인터뷰를 하게 된다. 인터뷰어로 병실을 찾은 두 살 연하의 청년 미우라 미쓰요와 연인으로 발전, 서른일곱이라는, 당시로서는 매우 늦은 나이에 결혼한다.

문학관에서 아야코 평생의 반려, 미우라 미쓰요에 대한 특별전이 열리고 있었다. 아내의 작품활동을 지원하기 위해 직장을 그만두고, 말년에 파킨슨병으로 몸을 움직이지 못하게 된 아내가 구술하는 작품을 일일이 받아 적을 정도로 헌신적인 남편이었다. 독실한 개신교인으로 성경 말씀을 늘 실행에 옮겼다. 비싼 양복을 세탁소 주인 실수로 도난당했을 때, 변상받아야 한다며 씩씩대는 아야코를 "상대는 조그마한 세탁소야. 양복을 변상하면 그 달은 끼니를 거르게 될지도 몰라. 성경에 뭐라고 쓰여 있지? 용서해주라고 쓰여 있지 않아"라며 단호하게 제지한 에피소드는 유명하다. 아야코는 이런 미쓰요에게 감명받아 '용서'를 주제로 한 작품을 쓰게 된다.

문학관 2층에 미우라 아야코의 서재를 재현해놓았다. 아야코는 먼저 세상을 떠난 연인 마에카와 다다시가 늑골 절제 수술을 받은 후 건네준 갈비뼈 하나가 담긴 유골함을 평생 간직했다는데, 그

유골함까지 복원해놓은 치밀함이라니. 겨울의 아사히카와는 잉크가 얼어붙을 정도로 추워서, 아야코는 입김을 호호 불어넣어 녹여가며 『빙점』을 썼다고 했다.

계단을 내려가 다시 1층으로 향하는데 복도 창으로 숲이 내다보였다. 스트로부스소나무 가지가 바람에 흔들렸다. "우리, 숲에도 가야지." 엄마가 재촉했다. 여행 온다고 다시 『빙점』을 읽었다는 엄마는 아무래도 문학관보다는 숲이 더 궁금한 모양이었다. 해가 지기 전에 얼른 숲으로 발걸음을 돌렸다.

※

스트로부스소나무 숲길을 지나니 소설에서 묘사된 대로 제방이 나타났다. 제방을 넘어가면 루리코가 살해당하고 요코가 자살을 기도한 강, 비에이가와美瑛川가 있을 것이다. 그 강을 봐야만 여기까지 온 의미가 있을 텐데, 계절이 계절이라 제방이 온통 눈으로 덮여 있었다. 분명 제방 위로 올라가는 계단이 있을 것 같은데 눈 때문에 찾을 수가 없었다. 제방 위에서 어린 남자아이가 부모의 독려 아래 신나게 눈썰매를 타고 있었다. 관절염으로 다리가 불편한 엄마를 끌고 무작정 눈 비탈을 올라갔다 내려갈 자신이 없어 제방을 본 것만으로 만족하고 포기할까도 생각했지만, 어린 아이가 제방을 잘도 기어오르는 걸 보고 용기내보기로 했다. 언제 다시 여기 올 수 있을지 모르는데 여기서 돌아가기엔 아까웠다. 먼저 올라간 사람들이 다져놓은 발자국을 밟고 둑으로 올라가, 바닥에 주저앉아 다리를 뻗은 채 엉덩이 썰매를 타며 반대편으로 내려갔다. 엄마도, 나도 무사히 성공.

제방 너머에 책에 묘사된 대로 독일가문비나무숲이 있었다. 나쓰에는 실종된 루리코를 찾아나섰다가 독일가문비나무숲에서 까마귀 시체를 보고 불길한 예감에 휩싸인다. 그리고 숲 너머의 비에이가와.

열아홉 살의 요코가 부모님과 오빠, 기타하라 앞으로 각각 유서를 남기고 루리코가 살해당한 강변으로 향하는 겨울의 이미지가 그 장면을 처음 읽은 30여 년 전부터 지금까지 섬세한 눈의 결정처럼 서늘하게 뇌리에 박혀 있다. 소설을 읽으며 몇 번이나 머릿속으로 그려보았던 그 강물이 양안兩岸에 눈을 인 채 해질녘 빛을 투영하며 차갑게 빛나고 있었다.

스웨터에 검은 슬랙스를 입고, 코트를 걸치며 당장 죽으러 가면서도 몸을 따뜻이 하려는 스스로를 이상하게 여기는 요코. 독일가문비나무숲으로 들어가려다 바람이 휘몰아쳐 단단해진 눈 위에 숱하게 떨어져 있는 까마귀 사체를 발견한 요코는 쓸쓸해하며 생각한다. '내 죽음과 이 까마귀의 죽음은 대체 어떤 차이가 있을까?'

> 요코는 조용히 눈 위에 앉았다. 아침 햇살에 눈이 반짝여 엷은 분홍빛을 띠고 있었다. '이렇게 아름다운 눈 속에서 죽을 수 있다니.' 요코는 눈을 꽁꽁 뭉쳐서 강물에 적셨다. 그것을 입에

넣자마자 칼모틴을 삼켰다. 몇 번이나 눈을 뭉쳐 강물에 적셔서는 입에 넣은 다음 또 약을 삼키고 했다. '얼마나 괴로움을 당하면서 죽게 될까?' 만일 괴로움을 당해 죄가 없어질 수 있다면 아무리 괴로워도 무방하다고 생각하면서 요코는 눈 위에 드러누웠다.

아아, 장소의 힘이란! 숲을 경험하고 나니 루리코가 주검으로 발견됐다는 소식을 들은 나쓰에와 게이조가 어떻게 집에서 뛰쳐나와 숲을 달려 둑을 넘어 강가까지 갔는지(그 일이 있었던 건 여름 축제 때였다), 요코가 어떻게 눈을 녹여 칼모틴과 함께 삼켜 먹을 수 있었는지, 숲의 그루터기에 앉아 스트로부스소나무가 흔들리는 걸 보며 『폭풍의 언덕』을 읽다가 이처럼 광포한 사랑을 해보고 싶다 생각했던 요코의 마음은 어땠는지(요코는 『폭풍의 언덕』을 읽던 중 쓰지구치가를 방문한 기타하라를 처음 만난다)가 생생히 그려졌다. "엄마. 저 강, 마침내 봤어. 힘들었지만 여기까지 오기 잘했지?" 우리는 동시에 크게 고개를 끄덕이고, 문학 속 장소가 실제로 구현된 순간의 감동에 휩싸인 채, 다시 독일가문비나무숲을 지나고, 눈 비탈을 기어올라 제방을 넘었다.

*

다음날 오후에는 카페 치로루珈琲亭ちろる에 있었다. 격자무늬 유리창 밖으로 눈이 펑펑 쏟아졌다. 쇼와시대에 문을 열었다는

고풍스러운 카페. 벽돌로 쌓은 벽면에 괘종시계가 걸렸고, 구석에는 벽난로가 있었다. 마룻바닥과 소파, 탁자까지 레트로 분위기. 클래식 음악이 흘러나왔다. "옛날 부산에 오아시스라는 음악다방이 있었는데, 꼭 그곳 같구나." 엄마가 말했다.

　엄마가 시킨 블루마운틴은 자잘한 붉은 꽃과 녹색 잎사귀가 그려진 커피잔에, 내가 시킨 카페오레는 투박한 질그릇 느낌의 갈색 잔에 담겨 나왔다. 눈 내리는 창밖을 보며 이 카페의 명물이라는 리코타 팬케이크를 먹었다. 바나나와 크림을 곁들인 팬케이크는 넉 장이나 되어 양이 아주 많아 보였지만, 혀에 닿는 순간 눈처럼 사르르 녹아내려 이내 목구멍 너머로 사라졌다. 위에 닿자마자 증발해버린 것 같은 무게. 여행 나흘째. 일정에 쫓겨 서두르지 않은 것도 오랜만이었다. "엄마, 여행 와서 멍 때리며 앉아 있는 게 최고의 럭셔리래." 내가 좀처럼 움직일 기색을 보이지 않자 엄마는 이어폰을 끼고 유튜브를 보았고, 나는 스마트폰에 몰두했다. 그렇지만 여전히 우리는 『빙점』 속에 있었다.

　전날 들른 미우라 아야코 기념문학관 바로 옆에 효텐氷點 라운지라는 카페, 그리고 『빙점』을 주제로 한 작은 전시실이 있었다. 전시실 벽에 『빙점』의 줄거리, 『빙점』 속 장소가 현재 아사히카와 어느 곳에 있는지에 대한 설명 등이 사진과 함께 붙어 있었다. "어! 저거 아까 본 건물인데!" 전시실을 구경하다 '나쓰에, 무라이와 재회하다'라는 문장이 적힌 사진 속 건물이 문학관으로 오는 길에 본 곳이라 걸음을 멈췄다. 건물 앞 입간판에 '카페 치로루'라 적혀 있었다.

『빙점』에서 나쓰에는 우연히 이 카페에 들러 무라이와 재회하며 다시 마음이 흔들린다. 치로루는 '티롤Tirol'의 일본식 음차. 문학관에서 나눠준 아사히카와 지도에 『빙점』에 나오는 장소들이 표시되어 있었다. 『빙점』의 배경이 1940년대에서 1960년대라 많은 곳이 이미 사라졌지만, 카페 치로루만은 아직도 영업중이었다. 카페에 놓인 소파 중 어딘가에 중절모를 눌러쓰고 트렌치코트를 입은 무라이가 눈웃음이 요염한 기모노 차림의 나쓰에와 커피잔을 사이에 두고 앉아 있을 것만 같았다.

*

폐점 직전에야 카페를 나섰다. 전날 인터넷에서 검색하다 아사히카와역 뒤에 '효텐바시', 즉 '빙점교氷點橋'라는 다리가 있다는 걸 발견했기에, 엄마한테 그 다리를 걸어보자고 제안했다. 처음에는 그냥 효텐바시에만 가보려 했는데, 다리를 건너 1.4킬로미터를 직진하면 어제 갔던 문학관이 나온다는 걸 알게 됐다. "엄마. 우리 걸어서 한번 더 숲에 가볼까? 오늘 숲은 날이 흐려서 요코가 자살을 기도한 날의 그 숲 분위기가 날 것 같아." 크게 먼 거리는 아니었지만 다리가 아픈 엄마가 눈길을 걸을 수 있을지 염려돼 조심스레 말해보았는데 엄마는 의외로 흔쾌히 승낙했다.

해가 지고 있었고, 눈발은 더 거세졌다. 우리는 아사히카와역을

뒤로하고 다리를 통해 게이조가 출퇴근할 때마다 건너다녔다는 추베쓰가와忠別川를 건넜다. 고수부지에 눈이 가득 쌓여 아득했다. 헤드라이트를 켠 차들이 쌩쌩 스쳐갔다. 엄마를 앞세우고 뒤에서 슬슬 따라갔다. 중도 포기할 수도 있겠다 생각했는데, 검정 외투에 달린 모자를 눌러쓴 엄마는 발길을 멈추는 법 없이 씩씩하게 걸어갔다.

이윽고 숲이 보였다. 화창했던 전날과는 사뭇 다른 분위기. 흐리고 눈 내리는 날, 해가 완전히 떨어지기 직전의 어둠, 그리고 눈발에 휩싸인 숲은 신사의 입구처럼 신령스러운 분위기마저 풍겼다. 문학관은 이미 문을 닫았다. 다시 스트로부스소나무숲을 지나 제방까지 걸어갔다. 전날 아이가 타고 놀던 분홍색 눈썰매가 나무 아래 아무렇게나 던져져 있었다. 곧 캄캄해질 것 같아 이번에는 제방에 오르지 않고 그냥 돌아나오기로 했다. 발이 푹푹 빠지는 눈길을 걸어나오는데 저멀리 숲 어귀에서 문학관의 불빛이 환하게 반짝였다. 르네 마그리트의 그림 「빛의 제국」을 연상시키는 장면. 검은 숲을 뚫고 지나와 맞이한 그 빛이 막막한 인생의 등대가 되어주는 한줄기 희망처럼 보였다.

*

4박 5일간의 그 여행에서 여러 곳을 방문했다. 여행 마지막 날에는 『빙점』에서 게이조가 어지러운 마음을 다스리려 찾아가는 곳이자, 미우라 아야코 부부가 결혼식을 올린 장소인 아사히카와 로쿠조교회를 찾아갔다. 자신의 목을 조르려 한 나쓰에에게 충격받아 가출한 어린 요코가 버스에서 내리는 정류장이 있었던 마루이백화점 자리에 새로 지어진 건물 지하 경양식집에 오므라이스를 먹으러 갔다(한참 대기하다 비행기 시간이 가까워 결국 못 먹고 나왔다). 기타하라와 요코가 함께 카레라이스를 먹은 호텔 건물도 멀리서나마 구경했다('니혼생명'이라는 보험회사 건물로 바뀌어 있었다). 관광객답게 비에이의 명소인 크리스마스트리, 타쿠신칸 자작나무길, 흰수염폭포 등을 관람하는 투어도 했고, 로프웨이를 타고 눈앞이 보이지 않을 정도로 눈 폭풍이 몰아치는 해발 2291미터의 아사히다케 정상에 오르기도 했다.

그렇지만 뭐가 가장 기억에 남느냐는 내 질문에 엄마는 언제나 같은 대답을 한다. "그날, 우리 눈보라 뚫고 빙점교를 건너서 다시 숲으로 걸어간 게 제일 기억에 남아. 그 숲 말이야. 영험한 분위기가 신사 입구 같았잖아." 나는 이렇게 말한다. "의외네. 난 엄마가 힘들다고 안 걷겠다고 할 줄 알았어. 나는 그날 다리 건너기 전 엄마랑 같이 카페 치로루에 앉아서 창밖에 내리는 눈 바라보는 게 참 좋았는데. 커피도 맛있었고 팬케이크도 맛있었고. 여행 가서 그렇게 여유 있게 시간 즐기기가 쉽지 않잖아."

그날의 기억이 강렬했던 건 결국 문학의 힘이라는 걸 우리 둘 다 알고 있다. 이야기를 좋아하는 사람이라면 빠져들 수밖에 없는 세계. 문학을 사랑하는 사람에게 가장 큰 어트랙션은 작품 속 장소다.

문장으로 읽으며 수십 번 마음속으로 그려본 풍경, 환상과 실재가 뒤섞여 겹겹이 쌓여 있던 이야기의 층위를 파고들어 그 바탕이 된 세계를 발견했을 때의 기쁨.

나는 30년 넘게 『빙점』의 세계에 사로잡혀 있었다. 내게 요코는 소설 속 인물이 아니라 실재였는데, 마침내 그 실체를 확인할 수 있었다는 점에서 이 여행이 특히 의미 깊었다. 그리고 문학의 세계를 사랑하도록 나를 인도한 부모님 중 한 사람, 엄마와 함께할 수 있었다는 점이.

여기서 요코가, 여기서 나쓰에가, 여기서 무라이가, 여기서 게이조가…… 우리는 아사히카와 곳곳에서 소설 속 인물들의 흔적을 발견하고 그들의 동선을 상상하고 '아, 그랬구나' 감탄하며 입 밖으로 내어 다시 이야기했다. 그렇게 아사히카와에서, 『빙점』은 엄마와 나의 이야기로 다시 쓰였다.

*

『속 빙점』에 요코를 앞에 두고 게이조와 나쓰에가 '사랑'에 대해 이야기하는 장면이 있다. 나쓰에가 "좋아한다는 것과 사랑한다는 건 같은 거죠, 여보?"라 묻자 게이조는 "아니오, 잘은 모르지만 내 생각에 좋아하고 싫어하는 건 감정이고, 사랑하는 건 감정이 아닌 것 같아요"라고 답한다. "어머, 사랑은 감정이 아니라고요? 그럼 사랑한다는 것은 감정이 아니고 뭐죠?"라는 나쓰에의 반문에

게이조는 이렇게 말한다.

"물론 좋아한다는 말과 같은 뜻으로 사용하는 경우도 있겠지. 그리고 사랑에도 여러 가지가 있는 모양이야. 본능적인 부모 자식 간의 사랑이나 흔히 말하는 에로스의 사랑, 그리고 우애 등이 말이오. 그러나 인간이 참으로 문제삼아야 하는 사랑은 원래 의지적인 것이라고 생각해요."

아사히카와에서 돌아와 『속 빙점』을 다시 읽었다. 사랑은 감정이 아니라 의지라는 말이 유달리 기억에 남았다. 『빙점』에서 말하는 사랑은 단순한 연정이 아니라 예수의 사랑과 같은, 용서와 연민이 깃든 사랑이므로…….
문학관 전시실 천장에 '용서와 사랑'이라는 빙점의 주제를 검정 글씨로 적어놓은 흰 천이 드리워져 있었다. 기독교 정신을 실천하려 애쓴 선한 인간이, 선한 배우자의 도움으로 쓴 선한 소설, 그것이 『빙점』이다. 배신감과 질투, 복수심으로 들끓지만 그럼에도 불구하고 용서하고자 하는 인간의 연약하고 불완전해서 더욱 위대한 마음……. 빙점의 테마인 성경 구절, "너의 적을 사랑하라"는 말을 여행 내내 줄곧 숙고했다. 작품의 배경이 된 그곳에서 게이조가 되어 걷고, 행동하고, 생각하지 않았다면 사고의 깊이가 거기까지 미치진 않았으리라. 빨강 머리 앤을 만나고, 작은 아씨들을 되짚고, 스칼렛의 발자취를 뒤쫓고, 개츠비의 그리움을 체화했던 미국에서의 경험이, 나를 이야기 속 장소를 찾아 선뜻 여행을 나서는 사람으로 변화시켰다. 나의 문학 여행은 아직 끝나지 않았다.

- The Old Man and the Sea
- A Farewell to Arms
- For Whom the Bell Tolls
- Evangeline
- The Last Leaf
- Walt Disney World
- The Great Gatsby
- A Caribbean Mystery

나와 그녀들의 도시
독서 여행자 곽아람의 문학 기행

ⓒ곽아람 2025

1판 1쇄   2025년 8월 26일
1판 2쇄   2025년 9월 19일

지은이   곽아람
펴낸이   김소영
책임편집 임윤정
편집   김혜정
디자인   김유진
마케팅   정민호 박치우 한민아 이민경 박진희 황승현 김경언
브랜딩   함유지 박민재 이송이 박다솔 조다현 김하연 이준희
제작부   강신은 김동욱 이순호
제작처   영신사

펴낸곳   (주)아트북스
출판등록 2001년 5월 18일 제406-2003-057호
주소   10881 경기도 파주시 회동길 210
대표전화 031-955-8888
문의전화 031-955-7977(편집부) 031-955-2689(마케팅)
팩스   031-955-8855
전자우편 artbooks21@naver.com
트위터   @artbooks21
인스타그램 @artbooks.pub

ISBN   978-89-6196-462-3 03810

값은 뒤표지에 있습니다. 잘못된 책은 서점에서 교환해 드립니다.